财政部规划教材

全国财政职业教育教学指导委员会推荐教材

全国高职高专院校会计专业立体化教材

成本会计实训与练习

主　编　耿聪慧

副主编　王金鑫　朱迪珍

中国财经出版传媒集团

中国财政经济出版社

图书在版编目（CIP）数据

成本会计实训与练习/耿聪慧主编. —北京：中国财政经济出版社，2018.8
财政部规划教材　全国财政职业教育教学指导委员会推荐教材　全国高职高专院校会计专业立体化教材
ISBN 978-7-5095-8321-0

Ⅰ.①成…　Ⅱ.①耿…　Ⅲ.①成本会计－高等职业教育－教学参考资料　Ⅳ.①F234.2

中国版本图书馆 CIP 数据核字（2018）第 134759 号

责任编辑：王佳欣　　　　　　　责任校对：徐艳丽
封面设计：构远设计

中国财政经济出版社 出版

URL：http://www.cfeph.cn
E-mail：cfeph@cfeph.cn

（版权所有　翻印必究）

社址：北京市海淀区阜成路甲 28 号　邮政编码：100142
营销中心电话：010-88191537　北京财经书店电话：64033436
三河市宏图印务有限公司印刷　各地新华书店经销
787×1092 毫米　16 开　5.25 印张　122 000 字
2018 年 8 月第 1 版　2018 年 8 月河北第 1 次印刷

定价：14.00 元
ISBN 978-7-5095-8321-0
（图书出现印装问题，本社负责调换）
本社质量投诉电话：010-88190744
打击盗版举报热线：010-88191661　QQ：2242791300

编写说明

本书是财政部规划教材、全国财政职业教育教学指导委员会推荐教材，由财政部教材编审委员会组织编写并审定，作为全国高职高专院校会计专业教材使用。

"成本会计"课程是财会类专业的核心课程，是继"基础会计""财务会计"等课程以后开设的一门专业课程，该课程是一门以制造业企业成本核算为主线，同时与企业成本会计岗位紧密联系，具有较强的实践性和技术操作性。

为满足专业实训教学的需要，根据高等职业院校会计专业教学标准，我们组织编写了本实训与练习，在内容上与《成本会计》教材保持一致，即包括总论、产品成本构成要素的归集与分配、生产费用在完工产品与在产品之间的分配、产品成本核算的方法、产品成本核算的品种法、产品成本核算的分批法、产品成本核算的分步法、产品成本核算的分类法、产品成本核算的定额法、产品成本核算的作业成本法、产品成本核算的标准成本法、成本报表与成本分析十二个项目。每个项目又包括三部分内容，即职业选择能力训练、职业判断能力训练和职业应用能力训练，从而注重对学生全方位的培养。

该实训与练习由郑州财税金融职业学院耿聪慧主编，郑州财税金融职业学院王金鑫和江苏财会职业学院朱迪珍担任副主编，郑州财税金融职业学院雷亢亢和云南财经职业学院廖峻波参编，具体分工如下：项目一、项目三和项目七由郑州财税金融职业学院耿聪慧编写，项目二由江苏财会职业学院朱迪珍编写，项目四和项目六由郑州财税金融职业学院雷亢亢编写，项目五、项目八和项目九由云南财经职业学院廖峻波编写，项目十、项目十一和项目十二由郑州财税金融职业学院王金鑫编写。

用书学校老师若需要本书的答案，请以电子邮件的形式向中国财政经济出版社索取（请注明：学校、书名、版次），E-mail：caijingjiaocai@163.com。

编者在编写过程中参考了大量的教材和论著，在此向这些作者深表谢意。由于编写时间紧迫，加之编者学识水平有限，书中难免存在不足之处，恳请读者和同仁批评指正，以便日后修改和完善。

编 者

2018 年 6 月

目录

项目一 总论 …………………………………………………………………（1）
　　任务一　认知成本和费用 ………………………………………………（1）
　　任务二　明晰成本会计 …………………………………………………（2）
　　任务三　熟悉成本核算的要求和程序 …………………………………（4）

项目二 产品成本构成要素的归集与分配 …………………………………（6）
　　任务一　归集与分配材料费用 …………………………………………（6）
　　任务二　归集与分配燃料、外购动力费用 ……………………………（8）
　　任务三　归集与分配人工费用 …………………………………………（11）
　　任务四　归集与分配折旧费用 …………………………………………（13）
　　任务五　归集与分配辅助生产费用 ……………………………………（14）
　　任务六　归集与分配制造费用 …………………………………………（20）
　　任务七　归集与分配损失性费用 ………………………………………（22）

项目三 生产费用在完工产品与在产品之间的分配 ………………………（25）
　　任务一　核算在产品数量 ………………………………………………（25）
　　任务二　分配完工产品和在产品之间费用的方法 ……………………（27）
　　任务三　结转完工产品成本 ……………………………………………（31）

项目四 产品成本核算的方法 ………………………………………………（33）
　　任务一　熟悉生产特点和管理要求对产品成本核算的影响 …………（33）
　　任务二　认知产品成本核算的基本方法和辅助方法 …………………（35）

项目五 产品成本核算的品种法 ……………………………………………（37）
　　任务一　品种法的工作原理 ……………………………………………（37）
　　任务二　应用品种法核算产品成本 ……………………………………（39）

项目六 产品成本核算的分批法 ……………………………………………（41）
　　任务一　分批法的工作原理 ……………………………………………（41）
　　任务二　应用分批法核算产品成本 ……………………………………（42）

项目七　产品成本核算的分步法 ……………………………………………（47）
  任务一　分步法的工作原理 …………………………………………（47）
  任务二　应用分步法核算产品成本 …………………………………（49）

项目八　产品成本核算的分类法 ……………………………………………（54）
  任务一　分类法的工作原理 …………………………………………（54）
  任务二　应用分类法核算产品成本 …………………………………（56）
  任务三　核算联产品和副产品的成本 ………………………………（58）

项目九　产品成本核算的定额法 ……………………………………………（60）
  任务一　定额法的工作原理 …………………………………………（60）
  任务二　应用定额法核算产品成本 …………………………………（61）

项目十　产品成本核算的作业成本法 ………………………………………（64）
  任务一　作业成本法的工作原理 ……………………………………（64）
  任务二　应用作业成本法核算产品成本 ……………………………（66）

项目十一　产品成本核算的标准成本法 ……………………………………（69）
  任务一　标准成本法的工作原理 ……………………………………（69）
  任务二　应用标准成本法核算产品成本 ……………………………（70）

项目十二　成本报表与成本分析 ……………………………………………（74）
  任务一　编制成本报表 ………………………………………………（74）
  任务二　进行成本分析 ………………………………………………（76）

项目一 Project 1

总 论

任务一 认知成本和费用

一、职业选择能力训练

(一) 单选题

1. 费用按经济用途可分为计入产品成本的生产费用和不计入产品成本的（　　）。
   A. 材料费用　　　　　　　　　　B. 制造费用
   C. 期间费用　　　　　　　　　　D. 工资和提取的职工福利费
2. 下列各项中应计入管理费用的是（　　）。
   A. 企业专设销售机构人员的工资　　B. 销售产品发生的广告费
   C. 企业的职工教育经费　　　　　　D. 生产单位管理和组织生产发生的各项费用
3. 下列各项中属于直接生产成本的是（　　）。
   A. 辅助生产工人的工资及福利费　　B. 基本生产工人的工资及福利费
   C. 车间管理人员的工资及福利费　　D. 生产车间的办公费用
4. 下列各项费用中，计入产品成本的是（　　）。
   A. 管理费用　　　　　　　　　　B. 制造费用
   C. 销售费用　　　　　　　　　　D. 财务费用
5. 按照与生产工艺的关系不同，可将生产费用分为（　　）。
   A. 燃料及动力费用　　　　　　　B. 销售和管理费用
   C. 制造和销售费用　　　　　　　D. 基本费用和一般费用

(二) 多选题

1. 下列项目中，属于产品成本项目的有（　　）。
   A. 直接材料　　　　　　　　　　B. 直接人工

C. 制造费用　　　　　　　　　D. 管理费用
E. 税金

2. 费用按经济用途分为（　　）。
A. 直接材料　　　　　　　　　B. 直接人工
C. 燃料及动力　　　　　　　　D. 废品损失
E. 预提费用

3. 工业企业的生产费用，一般包括的构成要素有（　　）。
A. 外购材料　　　　　　　　　B. 外购动力
C. 职工薪酬　　　　　　　　　D. 折旧费

4. 按费用计入产品成本的方式分类，可以分为（　　）。
A. 直接计入费用　　　　　　　B. 间接计入费用
C. 固定费用　　　　　　　　　D. 变动费用

5. 生产费用按产品产量关系分，可以分为（　　）。
A. 直接计入费用　　　　　　　B. 间接计入费用
C. 固定费用　　　　　　　　　D. 变动费用

二、职业判断能力训练

1. 随着企业自主权的扩大，成本开支范围可由企业自行确定。（　　）
2. 费用是指某一时期（月、季、年）内实际发生的生产费用，而产品成本反映的是某一时期某种产品所应负担的费用，是对象化生产费用。（　　）
3. 对企业生产费用进行分类的最基本方法是按照经济内容和经济用途划分。（　　）
4. 违约金、滞纳金不应计入产品成本而应由利润开支。（　　）
5. 企业的成本项目是按生产费用的经济用途划分的。（　　）

任务二　明晰成本会计

一、职业选择能力训练

（一）单选题

1. 下列支出不应计入产品成本的有（　　）。
A. 产品生产耗用材料　　　　　B. 车间设备的折旧费
C. 财务部门的人员工资　　　　D. 生产单位管理人员的工资

2. 企业产品成本，是通过设置（　　）账户组织核算的。

A. 基本生产成本　　　　　　　　　B. 财务费用
C. 生产费用　　　　　　　　　　　D. 销售费用

3. 1880—1920 年是成本会计的（　　）阶段。
A. 早期成本会计阶段　　　　　　　B. 近代成本会计阶段
C. 中期成本会计阶段　　　　　　　D. 战略成本会计阶段

4. 成本会计起源于（　　）。
A. 英国　　　　　　　　　　　　　B. 美国
C. 意大利　　　　　　　　　　　　D. 中国

5. 在成本会计内容中，属于成本基础环节的是（　　）。
A. 成本计划　　　　　　　　　　　B. 成本核算
C. 成本预测　　　　　　　　　　　D. 成本分析

6. 成本会计最基本的职能是（　　）。
A. 成本决策　　　　　　　　　　　B. 成本核算
C. 成本预测　　　　　　　　　　　D. 成本控制

（二）多选题

1. 现代成本会计的主要内容包括（　　）。
A. 成本决策　　　　　　　　　　　B. 成本核算
C. 成本预测　　　　　　　　　　　D. 成本控制和成本计算
E. 成本分析和考核

2. 成本会计机构的设置，应考虑（　　）。
A. 财务报告的要求　　　　　　　　B. 往来业务的需求
C. 企业管理体制　　　　　　　　　D. 企业规模大小
E. 业务量的多少

3. 成本会计的职能包括（　　）。
A. 成本预测　　　　　　　　　　　B. 成本计划
C. 成本决策　　　　　　　　　　　D. 成本控制

4. 与成本会计有关的法律法规有（　　）。
A. 《中华人民共和国会计法》　　　 B. 《企业会计准则》
C. 企业内部会计制度　　　　　　　D. 《企业会计准则——基本准则》

5. 下列各项中属于现代成本会计对象的是（　　）。
A. 产品生产成本　　　　　　　　　B. 管理费用
C. 机会成本　　　　　　　　　　　D. 财务费用

二、职业判断能力训练

1. 早期成本会计阶段，成本会计仅限于对生产过程的生产消耗进行计算，因此称为记录性成本会计。　　　　　　　　　　　　　　　　　　　　　　　　　　　（　　）

2. 任何一个会计主体只要发生经济行为，就要发生耗费，在会计上就要核算其成本。

（　　）

3. 产品成本项目是由国家统一制定的，任何企业不能变动。（　　）
4. 1981 年以后被称为战略成本会计阶段。（　　）
5. 成本会计起源于英国。（　　）

任务三　熟悉成本核算的要求和程序

一、职业选择能力训练

（一）单选题

1. 在一级成本核算体制下，"制造费用明细账"一般是按（　　）设置专栏。
   A. 车间　　　　　　　　　　B. 成本项目
   C. 费用明细项目　　　　　　D. 费用发生的时间顺序
2. 下列会计科目中，属于进行成本总分类核算时使用的是（　　）。
   A. 库存商品　　　　　　　　B. 主营业务成本
   C. 管理费用　　　　　　　　D. 生产成本
3. 正确计算产品成本，应做好的基础工作是（　　）。
   A. 正确划分各种费用界限
   B. 确定成本计算对象
   C. 建立和健全原始记录
   D. 各种费用的分配
4. 以下哪个科目属于核算各项要素费用的科目（　　）。
   A. 生产成本　　　　　　　　B. 劳务成本
   C. 原材料　　　　　　　　　D. 制造费用
5. 以下哪个科目属于核算产品成本的会计科目（　　）。
   A. 原材料　　　　　　　　　B. 周转材料
   C. 材料成本差异　　　　　　D. 生产成本

（二）多选题

1. 为了正确计算产品成本，必须划分（　　）的费用界限。
   A. 资本性支出与收益性支出　　B. 产品成本与期间费用
   C. 各个会计期间　　　　　　　D. 各种产品之间
   E. 完工产品与月末在产品

2. 成本核算的要求有（　　）。
A. 加强对费用的审核和控制
B. 正确划分各种费用的支出界限
C. 正确划分产品的期间费用与产品成本
D. 正确划分各种产品成本的界限
3. 成本核算设置的科目有（　　）。
A. 制造费用　　　　　　　　B. 生产成本
C. 管理费用　　　　　　　　D. 财务费用
4. 生产成本科目下面设置的二级科目有（　　）。
A. 基本生产成本　　　　　　B. 辅助生产成本
C. 管理费用　　　　　　　　D. 劳务成本
5. 成本核算的一般程序有（　　）。
A. 确定成本核算对象
B. 正确处理费用的跨期预提工作
C. 对各项费用进行归集和分配
D. 设置成本项目

二、职业判断能力训练

1. 工业企业的基本业务活动是以成本核算为核心。　　　　　　　（　　）
2. 周转材料科目是核算产品成本的会计科目。　　　　　　　　　（　　）
3. 制造费用科目是核算各项要素费用的会计科目。　　　　　　　（　　）
4. 企业为购建固定资产的支出，属于企业的资本性支出。　　　　（　　）
5. 产品规格繁多，可以将产品结构、耗用原材料和工艺过程基本相同的产品，适当合并为成本核算对象。　　　　　　　　　　　　　　　　　　　　（　　）

项目二 Project 2

产品成本构成要素的归集与分配

任务一 归集与分配材料费用

一、职业选择能力训练

（一）单选题

1. 用于生产产品、构成产品实体的原材料费用，应记入（　　）账户。
   A．"生产成本"　　　　　　　　B．"制造费用"
   C．"废品损失"　　　　　　　　D．"销售费用"
2. 直接用于产品生产的燃料，应直接记入或者分配记入的账户是（　　）。
   A．"制造费用"　　　　　　　　B．"管理费用"
   C．"财务费用"　　　　　　　　D．"生产成本"
3. 生产车间一般耗用的材料，应记入（　　）账户。
   A．"制造费用"　　　　　　　　B．"管理费用"
   C．"财务费用"　　　　　　　　D．"生产成本"
4. "基本生产成本"账户月末借方余额表示的是（　　）。
   A．本期发生的生产费用　　　　B．完工产品成本
   C．月末在产品成本　　　　　　D．累计发生的生产费用
5. 辅助生产所耗用的燃料费用，不涉及的账户有（　　）。
   A．"制造费用"　　　　　　　　B．"管理费用"
   C．"财务费用"　　　　　　　　D．"辅助生产成本"

（二）多选题

1. 生产经营过程中领用的材料，若按照用途进行归类，则生产产品耗用、生产车间耗

用、企业行政管理部门耗用的部分，应分别记入（　　）账户。
   A．"生产成本"　　　　　　　B．"制造费用"
   C．"管理费用"　　　　　　　D．"销售费用"
2．计入产品成本的各种材料费用，按照其用途分配，应记入（　　）账户的借方。
   A．"长期待摊费用"　　　　　B．"其他应付款"
   C．"制造费用"　　　　　　　D．"生产成本"
3．材料费用的分配标准有（　　）。
   A．材料定额消耗量　　　　　B．材料定额费用
   C．产品重量　　　　　　　　D．产品产量
   E．产品工时定额
4．下列可以列在"原材料"总账账户中核算的有（　　）。
   A．自制半成品　　　　　　　B．原料及主要材料
   C．包装物材料　　　　　　　D．外购半成品
   E．修理用备件

二、职业判断能力训练

1．用于几种产品生产共同耗用的、构成产品实体的原材料费用，可以直接计入各种产品成本。　　　　　　　　　　　　　　　　　　　　　　　　　　　　（　　）
2．基本生产车间生产产品领用的材料，应直接记入各成本计算对象的产品成本明细账。　　　　　　　　　　　　　　　　　　　　　　　　　　　　　　（　　）
3．"外购材料"和"直接材料"都是材料费用，因此都属于要素费用。　（　　）
4．在实际工作中，材料费用的分配是通过材料费用分配表进行的。　（　　）
5．直接用于产品生产的原料、主要材料费用，记入"直接材料"成本项目。（　　）
6．定额耗用量比例分配法的分配标准是单位产品的消耗定额。　　　（　　）

三、职业应用能力训练

【训练一】

[资料] 郑州乐都齿轮公司生产车间 201×年 8 月生产 A、B 两种产品，共同领用丙材料 54 000 千克，每千克成本为 5 元，共计 270 000 元。本月实际生产 A 产品 6 000 件，单位消耗定额为 8 千克；本月实际生产 B 产品 4 000 件，单位消耗定额为 3 千克。

[要求] 采用定额耗用量比例分配法编制共同耗用材料费用分配表（见表 2-1），并根据分配表编制有关的会计分录。

表 2-1　　　　　　　　　　　共同耗用材料费用分配表　　　　　　　　　　201×年 8 月

产品名称	产量（件）	单位消耗定额（千克）	定额耗用量（千克）	分配率（元/千克）	应分配材料数量（千克）	材料费用	
						单价(元/千克)	金额(元)
A 产品							
B 产品							
合计							

【训练二】

[资料] 郑州乐都齿轮公司 201×年 6 月的部分费用发生情况如下：生产 A、B 两种产品，共同耗用甲材料 21 万元。单件产品原材料消耗定额分别为：A 产品 15 千克，B 产品 12 千克。实际产量分别为：A 产品 1 000 件，B 产品 500 件。

[要求] 按原材料定额消耗量比例分配，计算 A、B 产品实际耗用原材料费用，并编制会计分录。

任务二　归集与分配燃料、外购动力费用

一、职业选择能力训练

（一）单选题

1. 外购动力可以按照（　　）来进行编制，并编制会计分录。
   A. 适用部门　　　　　　　　B. 使用条件
   C. 适用对象　　　　　　　　D. 适用特征

2. 在当月所耗动力与实际支付不一致的情况下，当月应付外购动力费用通过（　　）账户核算。
   A. 应付账款　　　　　　　　B. 应付职工薪酬
   C. 管理费用　　　　　　　　D. 财务费用

3. 核算外购动力出现应付账款借方余额的时候，表示（　　）。
   A. 预付的外购动力
   B. 应付未付的外购动力
   C. 增加的外购动力
   D. 减少的外购动力
4. 如果企业的生产工艺用的燃料和动力没有专门设置"燃料及动力"成本项目，这些费用则可以分别记入（　　）账户。
   A. 销售费用　　　　　　　　B. 基本生产成本
   C. 制造费用　　　　　　　　D. 管理费用
5. 产品生产所直接耗用的动力费或间接计入各种产品成本的动力费用应记入（　　）账户。
   A. 直接燃料和动力　　　　　B. 制造费用
   C. 管理费用　　　　　　　　D. 销售费用

（二）多选题

1. "燃料和动力"成本项目，可以核算（　　）内容。
   A. 用于产品生产动力费
   B. 照明动力费
   C. 取暖的动力费
   D. 发生的原材料
2. 外购动力的分配方式有（　　）。
   A. 根据各部门耗用动力的数量及单价计算分配
   B. 根据生产工时、机器小时比例进行分配
   C. 根据定额的消耗量比例进行分配
   D. 根据人工小时进行分配

二、职业判断能力训练

1. 用于产品生产、照明、取暖的动力费用，应记入各种产品成本明细账的"燃料和动力"成本项目。　　　　　　　　　　　　　　　　　　　　　　　　　　　　　（　　）
2. 如果企业的生产工艺用的燃料和动力没有专门设置"燃料及动力"成本项目，这些费用则可以分别记入"直接材料"成本项目和"制造费用"成本项目。　　　　（　　）
3. 直接用于产品生产的燃料费用，如果分产品领用，根据领料凭证直接记入各产品"生产成本"总账和所属明细账贷方的"燃料和动力"成本项目。　　　　　（　　）
4. 动力费用如果不能分产品领用，则应采用适当的分配方法，分配记入各有关产品的成本项目。　　　　　　　　　　　　　　　　　　　　　　　　　　　　　（　　）
5. 燃料实际上也是材料。因此，燃料费用的分配与原材料费用的分配程序和方法是相同的。　　　　　　　　　　　　　　　　　　　　　　　　　　　　　　　（　　）

三、职业应用能力训练

【训练一】

[资料] 郑州乐都齿轮公司201×年5月各车间、部门实际用电度数为：基本生产车间动力用电12 500度，辅助生产车间动力用电5 300度，基本生产车间照明用电2 700度，辅助生产车间照明用电1 200度，企业管理部门照明用电2 400度。该月应付外购电力费用共计7 230元。该企业设有"生产成本——基本生产成本""生产成本——辅助生产成本"和"制造费用"等账户。

[要求] 按照用电度数分配计算各车间、部门动力和照明用电费，编制分配表（见表2-2），并根据分配表编制会计分录。

表2-2　　　　　　　　　　　电力费用分配表
201×年5月

部门	用电度数（度）	分配率（元/度）	分配电费（元）
基本生产车间动力			
辅助生产车间动力			
基本生产车间照明			
辅助生产车间照明			
企业管理部门			
合计			

【训练二】

[资料] 郑州乐都齿轮公司本年9月份外购电力费用26 000元已以银行存款支付，根据各专用电表计量，产品生产用电应负担18 000元，车间一般照明用电3 600元，企业管理部门用电4 400元。该厂本月生产甲、乙、丙三种产品，生产甲产品20 000小时、乙产品30 000小时、丙产品10 000小时，采用生产工时比例分配法分配外购电力费。

[要求] 填写产品外购电力费用分配表（见表2-3）并编制会计分录。

表2-3　　　　　　　　　　　外购电力费用分配表

产品名称	生产工时（小时）	费用分配率（元/小时）	分配金额（元）
甲产品			
乙产品			
丙产品			
合计			

任务三　归集与分配人工费用

一、职业选择能力训练

(一) 单选题

1. 为了提高产品成本计算的正确性，生产工人的职工薪酬应（　　）。
   A. 在整个企业内统一分配　　　B. 按车间分别进行分配
   C. 按计划进行分配　　　　　　D. 按实际进行分配
2. 企业分配薪酬费用时，基本生产车间管理人员的薪酬，应借记（　　）账户。
   A. "基本生产成本"　　　　　　B. "制造费用"
   C. "辅助生产成本"　　　　　　D. "管理费用"
3. 应由生产产品、提供劳务负担的职工薪酬，应记入（　　）账户。
   A. "产品成本"　　　　　　　　B. "在建工程"
   C. "当期损益"　　　　　　　　D. "无形资产"
4. 车间管理人员的工资应记入（　　）账户。
   A. "基本生产成本"　　　　　　B. "制造费用"
   C. "辅助生产成本"　　　　　　D. "管理费用"
5. 销售部门人员的工资应记入（　　）账户。
   A. "基本生产成本"　　　　　　B. "制造费用"
   C. "销售费用"　　　　　　　　D. "管理费用"

(二) 多选题

1. 计入产品成本的各种职工薪酬，按其用途应分别借记（　　）。
   A. "销售费用"账户　　　　　　B. "生产成本"账户
   C. "制造费用"账户　　　　　　D. "管理费用"账户
2. 在按 20.83 天计算日工资率的企业中，节假日工资的计算方法是（　　）。
   A. 节假日作为出勤日计发工资　　B. 节假日不计发工资
   C. 缺勤期间的节假日不扣发工资　D. 缺勤期间的节假日扣发工资
3. "直接人工费用"成本项目包括的内容主要有（　　）。
   A. 产品生产工人的计时工资和计件工资
   B. 产品生产工人的奖金、津贴和补贴
   C. 产品生产工人的加班加点工资
   D. 产品生产工人的住房公积金

4. 企业为员工计提的福利费，借记的会计账户有（   ）。
   A. "基本生产成本"　　　　　　　　B. "制造费用"
   C. "辅助生产成本"　　　　　　　　D. "管理费用"
5. 下列各项中，需要按照产品的生产工时进行分配的是（   ）。
   A. 生产工人的计件工资　　　　　　B. 生产工人的计时工资
   C. 生产工人的其他间接工资　　　　D. 车间管理人员的工资

二、职业判断能力训练

1. 生产人员、车间管理人员和技术人员的职工薪酬，是产品成本的重要组成部分，应该直接计入各种产品成本。（   ）
2. 企业全部人员的职工薪酬都应该计入产品成本，因为职工薪酬是产品成本的组成部分。（   ）
3. 在计件工资形式下，如果是生产多种产品，则应采用一定的分配标准分配工资后再记入各种产品成本明细账的"工资及福利费"项目。（   ）
4. 在采用计时工资的情况下，只生产一种产品，生产人员的工资及福利费直接计入该种产品成本。（   ）
5. 生产人员的职工薪酬直接计入各种产品成本，其他各部门人员的职工薪酬分别记入"制造费用""管理费用""销售费用"账户。（   ）

三、职业应用能力训练

[资料] 郑州乐都齿轮公司201×年6月仅生产A、B两种产品，本月职工薪酬结算凭证汇总的职工薪酬费用为：基本生产车间生产产品的工人职工薪酬60 000元，A产品生产工时36 000小时，B产品生产工时24 000小时。车间管理人员职工薪酬10 000元，企业行政管理人员职工薪酬12 000元，专设销售机构人员职工薪酬10 000元。

[要求] 按生产工时分配职工薪酬费用，并编制会计分录。

任务四　归集与分配折旧费用

一、职业选择能力训练

（一）单选题

1. 对于基本生产车间或辅助生产车间计提的固定资产折旧费，应借记（　　）账户。
   A. "生产成本"　　　　　　　　　　B. "管理费用"
   C. "制造费用"　　　　　　　　　　D. "销售费用"
2. 对于企业行政管理部门计提的固定资产折旧费，应借记（　　）账户。
   A. "生产成本"　　　　　　　　　　B. "财务费用"
   C. "管理费用"　　　　　　　　　　D. "制造费用"
3. 下列固定资产中，应计提折旧的有（　　）。
   A. 已提足折旧仍继续使用的固定资产
   B. 处于更新改造过程而停止使用的符合资产确认条件的固定资产
   C. 提前报废的固定资产
   D. 对固定资产进行日常修理而停止使用的固定资产
4. 下列各项中，应计提固定资产折旧的是（　　）。
   A. 当月出售的施工机械　　　　　　B. 当月购置的设备
   C. 未提足折旧提前报废的设备　　　D. 已提足折旧继续使用的建筑物
5. 企业专设的销售部门的固定资产计提的折旧应记入（　　）账户。
   A. "销售费用"　　　　　　　　　　B. "财务费用"
   C. "管理费用"　　　　　　　　　　D. "制造费用"

（二）多选题

1. 对固定资产计提折旧，编制会计分录时，可能借记的会计账户有（　　）。
   A. "生产成本"　　　　　　　　　　B. "制造费用"
   C. "管理费用"　　　　　　　　　　D. "销售费用"
2. 下列选项中说法正确的是（　　）。
   A. 当月增加的固定资产，当月不计提折旧
   B. 提足折旧的固定资产，如果继续适用，还需要继续计提折旧
   C. 提前报废的固定资产，不再补提折旧
   D. 当月减少的固定资产，当月需要计提折旧
3. 下列资产中，不需要计提折旧的有（　　）。

A. 已提足折旧仍继续使用的固定资产
B. 处于更新改造过程而停止使用的符合资产确认条件的固定资产
C. 提前报废的固定资产
D. 对固定资产进行日常修理而停止使用的固定资产

4. 下列应记入"管理费用"账户的有（　　）。
A. 公司总部大楼的折旧
B. 销售部门适用的固定资产的折旧
C. 生产车间适用的固定资产的折旧
D. 财务部门适用的固定资产的折旧

5. 下列应记入"制造费用"账户的有（　　）。
A. 生产车间的机器设备　　　　　B. 生产车间发生的水电费
C. 管理部门的人员工资　　　　　D. 车间管理人员的工资

二、职业判断能力训练

1. 固定资产折旧费是产品成本的组成部分，应该全部计入产品成本。（　　）
2. 固定资产折旧费是产品成本的组成部分，由于不单设成本项目，是按照固定资产的使用部门汇集，然后与车间、部门的其他费用一起分配计入产品成本及期间费用。（　　）
3. 基本生产车间机器设备维修费记入"管理费用"账户。（　　）
4. 当月增加的固定资产当月计提折旧，当月减少的固定资产当月不计提折旧。（　　）
5. 固定资产折旧费是通过按月编制"折旧计算表"或"折旧费用分配表"，确定本期折旧费并据以编制会计分录，登记有关总账及所属明细账。（　　）

任务五　归集与分配辅助生产费用

一、职业选择能力训练

（一）单选题

1. 辅助生产费用的交互分配法，第一次交互分配时是在（　　）。
A. 各受益单位间进行分配
B. 各受益的辅助生产车间之间进行分配
C. 辅助生产以外的受益单位之间进行分配
D. 各受益的基本车间之间进行分配

2. 辅助生产各种分配方法中，能分清内部经济责任、有利于实行厂内经济核算的是（　　）。

A. 直接分配法 B. 交互分配法
C. 顺序分配法 D. 计划成本分配法

3. 采用计划成本分配法分配辅助生产费用时，某辅助生产车间实际总成本的计算方法是（　　）。

A. 该车间待分配费用加上分配转入的费用
B. 该车间待分配费用减去分配转出的费用
C. 该车间待分配费用加上分配转出的费用，再减去分配转入的费用
D. 该车间待分配费用加上分配转入的费用，再减去分配转出的费用

4. 为了简化辅助生产费用的分配，在采用计划成本分配法的情况下，辅助生产成本差异一般全部记入（　　）账户。

A. "制造费用" B. "管理费用"
C. "营业外支出" D. "基本生产成本"

5. 在辅助生产车间之间相互提供产品或劳务比较复杂的情况下，下列各项中，分配辅助生产费用最为准确的方法是（　　）。

A. 直接分配法 B. 顺序分配法
C. 交互分配法 D. 代数分配法

6. 月末，"辅助生产成本"账户（　　）。

A. 一定没有余额 B. 如有余额，余额一定在借方
C. 如有余额，余额一定在贷方 D. 可能有借方或贷方余额

7. 采用交互分配法，某一辅助生产车间对外分配的费用总额是（　　）。

A. 交互分配前的费用
B. 交互分配前的费用加上交互分配转入的费用
C. 交互分配前的费用减去交互分配转入的费用
D. 交互分配前的费用加上交互分配转入的费用，再减去交互分配转出的费用

8. 辅助生产费用直接分配法的特点是将辅助生产费用（　　）。

A. 直接分配给受益的车间、部门
B. 直接分配给辅助生产以外的各受益车间、部门
C. 直接记入"辅助生产成本"账户
D. 直接分配给受益多的车间、部门

9. 下列关于辅助生产费用按计划成本分配法的说法中，错误的是（　　）。

A. 不必单独计算费用分配率 B. 各种辅助生产费用只分配一次
C. 简化了计算工作 D. 不利于分清企业内部各单位的经济责任

10. 代数分配法是将辅助生产费用根据联立方程的原理，（　　）进行分配的方法。

A. 在辅助生产车间以外各受益单位之间直接
B. 先在各辅助生产车间内部进行分配，然后对外
C. 先在企业各车间、部门之间进行分配，然后对外
D. 计算辅助生产劳务的单位成本，然后根据各受益单位耗用的数量和单位成本

（二）多选题

1. 下列方法中，属于辅助生产费用分配方法的有（　　）。
   A. 直接分配法　　　　　　　　　B. 交互分配法
   C. 顺序分配法　　　　　　　　　D. 代数分配法

2. 采用交互分配法分配辅助生产费用时，应该（　　）。
   A. 先在企业内部各受益单位之间进行一次交互分配
   B. 先在辅助生产车间内部各受益单位之间进行一次交互分配
   C. 根据交互分配后的实际费用向企业外部单位进行分配
   D. 根据交互分配后的实际费用向辅助生产以外各受益单位进行一次对外分配

3. 按计划成本分配法分配辅助生产费用时，（　　）。
   A. 简化了成本计算工作
   B. 便于考核辅助生产成本计划完成情况
   C. 便于考核各受益单位的成本
   D. 分配结果最准确

4. 辅助生产车间不设"制造费用"账户核算是因为（　　）。
   A. 辅助生产车间规模较小，发生制造费用较少
   B. 辅助生产车间不对外销售产品
   C. 为了简化核算工作
   D. 没有必要

5. 采用代数分配法分配辅助生产费用（　　）。
   A. 能够简化费用的分配计算工作
   B. 能够提供正确的分配计算结果
   C. 便于分析考核
   D. 适用于实现电算化的企业
   E. 成本计算完整

二、职业判断能力训练

1. 采用交互分配法分配辅助生产费用，交互分配后的辅助生产费用应在除辅助生产以外的各受益部门和车间之间进行分配。　　　　　　　　　　　　　　　　　　　（　　）

2. 采用代数分配法分配辅助生产费用时，应用代数中解联立方程的原理，直接分配各受益车间、部门应负担的费用，无须计算辅助生产产品或劳务的单位成本。（　　）

3. 采用顺序分配法进行辅助生产费用分配，应按照辅助生产车间受益多少的顺序排列，受益多的排列在前，受益少的排列在后。　　　　　　　　　　　　　　　　　（　　）

4. 在辅助生产车间的制造费用不通过"制造费用"账户核算的情况下，辅助生产车间发生的各项生产费用均可直接记入"辅助生产成本"账户。　　　　　　　　　　（　　）

5. 采用计划成本分配法分配辅助生产费用，不必在辅助生产车间之间进行交互分配。
　　　　　　　　　　　　　　　　　　　　　　　　　　　　　　　　　　　　（　　）

6. 采用直接分配法时，费用分配率计算公式的分子是待分配的辅助生产费用，分母是该辅助生产提供的劳务总量。（　　）

三、职业应用能力训练

[资料] 郑州乐都齿轮公司有供水和供电两个辅助生产车间，辅助生产车间的制造费用不通过"制造费用"账户核算。10月发生辅助生产费用、提供劳务量及计划单位成本如表2-4所示（各受益部门的水、电均为一般耗用）。

表2-4　　　　　　　　　劳务供应及费用分配表

项　　目		供电车间	供水车间
待分配费用		12 000（元）	1 840（元）
劳务供应量		50 000（度）	8 000（吨）
计划单位成本		0.30（元/度）	0.5（元/吨）
劳务耗用量	供电车间		2 000（吨）
	供水车间	10 000（度）	
	基本生产车间	28 000（度）	5 000（吨）
	管理部门	12 000（度）	1 000（吨）

[要求] 分别采用直接分配法、交互分配法、代数分配法和计划成本、顺序分配法分配辅助生产费用（通过分配表进行，见表2-5至表2-9），并根据分配表编制有关分配的会计分录（分配率精确到小数点四位）。

（1）直接分配法。

表2-5　　　　　　　　　辅助生产费用分配表（直接分配法）

201×年10月　　　　　　　　　　　　　　　　　　　　　金额单位：元

辅助生产车间名称			供电车间	供水车间	合计
待分配费用					
对外供应劳务数量					
费用分配率（单位成本）					
基本车间	应借"制造费用"账户	耗用数量			
		分配金额			
管理部门	应借"管理费用"账户	耗用数量			
		分配金额			
分配金额合计					

供电车间费用分配率 =
供水车间费用分配率 =
会计分录：

(2) 交互分配法。

表 2-6　　　　　　　　　　辅助生产费用分配表（交互分配法）

201×年 10 月　　　　　　　　　　　　　　　　　　　　　　　金额单位：元

项　　　目			交互分配			对外分配		
辅助生产车间名称			供电	供水	合计	供电	供水	合计
待分配费用								
供应劳务数量								
费用分配率								
辅助生产车间	应借"辅助生产成本"账户	供电车间	耗用数量					
			分配金额					
		供水车间	耗用数量					
			分配金额					
基本生产车间	应借"制造费用"账户		耗用数量					
			分配金额					
管理部门耗用	应借"管理费用"账户		耗用数量					
			分配金额					
分配金额合计								

供电车间对外分配的费用＝

供水车间对外分配的费用＝

会计分录：

(3) 计划成本分配法。

表 2-7　　　　　　　　　　辅助生产费用分配表（计划成本分配法）

201×年 10 月　　　　　　　　　　　　　　　　　　　　　　　金额单位：元

辅助生产车间名称			供电车间	供水车间	合　计
待分配费用					
供应劳务数量					
计划单位成本					
辅助生产车间耗用	应借"辅助生产成本"账户	供电车间 耗用数量			
		分配金额			
		供水车间 耗用数量			
		分配金额			
基本生产车间耗用	应借"制造费用"账户	耗用数量			
		分配金额			
管理部门耗用	应借"管理费用"账户	耗用数量			
		分配金额			
按计划成本分配金额合计					
辅助生产实际成本					
辅助生产成本差异					

供电车间的实际成本 =
供水车间的实际成本 =
会计分录：

（4）代数分配法。

表 2-8　　　　　　　　　辅助生产费用分配表（代数分配法）

201×年 10 月　　　　　　　　　　　　　　　　金额单位：元

辅助生产车间名称			供电车间	供水车间	合计
待分配费用					
供应劳务数量					
用代数计算出的实际单位成本					
辅助生产车间耗用	应借"辅助生产成本"账户	供电车间 耗用数量			
		分配金额			
		供水车间 耗用数量			
		分配金额			
基本生产车间耗用	应借"制造费用"账户	耗用数量			
		分配金额			
管理部门耗用	应借"管理费用"账户	耗用数量			
		分配金额			
分配金额合计					

会计分录：

（5）顺序分配法。

表 2-9　　　　　　　　　辅助生产费用分配表（顺序分配法）

201×年 7 月　　　　　　　　　　　　　　　　金额单位：元

项目		供电车间		供水车间		合计
		供应数量（千瓦时）	分配金额	供应数量（小时）	分配金额	
直接发生的费用						
分配转入的费用						
待分配的费用						
劳务总量						
费用分配率						
受益对象	供电车间					
	供水车间					
	基本生产车间					
	管理部门					

供电车间费用分配率＝
供水车间费用分配率＝
会计分录：

任务六　归集与分配制造费用

一、职业选择能力训练

（一）单选题

1. 基本生产车间管理人员的职工薪酬，记入（　　）账户的借方。
   A. "生产成本"　　　　　　　　　B. "制造费用"
   C. "应付职工薪酬"　　　　　　　D. "管理费用"
2. 适用于季节性生产的车间分配制造费用的方法是（　　）。
   A. 生产工时比例分配法　　　　　B. 生产工资比例分配法
   C. 机器工时比例分配法　　　　　D. 年度计划分配率分配法
3. 制造费用绝大部分是由企业的（　　）发生的。
   A. 行政管理部门　　　　　　　　B. 车间或分厂
   C. 销售部门　　　　　　　　　　D. 财务部门
4. 能将劳动生产率和产品负担的费用水平联系起来，使分配结果比较合理的制造费用分配方法是（　　）。
   A. 生产工时比例分配法　　　　　B. 生产工人工资比例分配法
   C. 按年度计划分配率分配法　　　D. 机器工时比例分配法
5. 机器工时比例法分配适用于（　　）。
   A. 季节性生产的车间　　　　　　B. 制造费用较多的车间
   C. 机械化程度较高的车间　　　　D. 机械化程度大致相同的各种产品

（二）多选题

1. 制造费用是企业为生产产品和提供劳务而发生的各项间接费用，包括（　　）。
   A. 生产单位管理人员职工薪酬　　B. 生产单位固定资产折旧费
   C. 辅助生产车间无形资产摊销　　D. 基本生产车间的办公费

2. 制造费用的分配方法有（　　）。
A. 计划成本分配法　　　　　　　　B. 直接分配法
C. 生产工时比例分配法　　　　　　D. 机器工时比例分配法
3. 采用年度计划分配率分配法分配制造费用后，"制造费用"账户月末（　　）。
A. 有余额　　　　　　　　　　　　B. 无余额
C. 有借方余额　　　　　　　　　　D. 有贷方余额
4. 制造费用（　　）。
A. 可能是直接计入费用　　　　　　B. 一定是直接计入费用
C. 可能是间接计入费用　　　　　　D. 一定是间接计入费用
E. 可能其中一部分是直接计入费用，另一部分是间接计入费用
5. 制造费用的分配不应该（　　）。
A. 按车间分别进行分配　　　　　　B. 在企业范围内统一分配
C. 按班组分别进行分配　　　　　　D. 在各责任中心内统一分配
E. 在所有车间范围内统一分配

二、职业判断能力训练

1. 所有生产车间发生的各种制造费用，一律通过"制造费用"账户核算。（　　）
2. 制造费用大部分是间接用于产品生产的费用，也有一部分直接用于产品生产，但管理上不要求单独核算，又不专设成本项目，因此可以直接计入产品生产成本。（　　）
3. 期间费用包括管理费用、财务费用和辅助生产费用。（　　）
4. 期末，制造费用分配转入生产成本，因此账户期末一定无余额。（　　）
5. 企业制造费用分配方法一经确定，不得随意变更。（　　）

三、职业应用能力训练

[资料] 郑州乐都齿轮公司有两个基本生产车间，第一车间生产 A、B 两种产品，共发生制造费用 25 200 元；第二车间生产 C 产品，发生制造费用 9 600 元。三种产品实际耗用生产工时的统计资料如表 2 - 10 所示。

表 2 - 10　　　　　　　　　郑州乐都齿轮公司工时统计资料
201×年7月

车间	项目	实际耗用工时（小时）
一车间	A 产品	50 000
	B 产品	100 000
	小计	150 000
二车间	C 产品	30 000
合　计		180 000

[要求] 根据上述资料，编制"制造费用分配表"（见表2-11），并做出有关会计分录。

表2-11　　　　　　　　　　　　制造费用分配表

编制单位：郑州乐都齿轮公司　　　　　　201×年7月

账户	应借科目	生产工时（小时）	分配率（元/小时）	分配金额（元）
生产成本——基本生产成本	A产品			
	B产品			
	小计			
	C产品			
	合计			

会计分录：

任务七　归集与分配损失性费用

一、职业选择能力训练

（一）单选题

1. 生产过程中发现的、入库后发现的各种产品的废品损失应包括（　　）。
   A. 不可修复废品报废损失　　　　B. 废品过失人的赔偿款
   C. 实行"三包"损失　　　　　　D. 因管理不善损坏变质损失

2. 不可修复废品成本应按废品的（　　）计算。
   A. 计划成本　　　　　　　　　　B. 制造费用
   C. 所耗定额费用　　　　　　　　D. 先进先出

3. 对于季节性停工企业在停工期间所发生的费用，应记入（　　）账户。
   A. "制造费用"　　　　　　　　B. "停工损失"
   C. "管理费用"　　　　　　　　D. "营业外支出"

4. 对于自然灾害造成的非正常停工损失，应记入（　　）账户。
   A. "营业外收入"　　　　　　　B. "营业外支出"
   C. "管理费用"　　　　　　　　D. "制造费用"

5. 产品的三包损失，应记入（　　）账户。
   A. "管理费用"　　　　　　　　B. "制造费用"
   C. "销售费用"　　　　　　　　D. "废品损失"

(二) 多选题

1. 废品损失应该包括（　　）。
   A. 不可修复废品的报废损失   B. 可修复废品的修复费用
   C. 不合格品的降价损失   D. 产品保管不善的损坏变质损失
2. 不可修复废品的成本，可以按（　　）。
   A. 废品所耗用的实际费用计算   B. 废品所耗定额费用计算
   C. 废品售价计算   D. 废品残值计算
3. 可修复废品的修复费用应该包括（　　）。
   A. 修复废品的材料费用   B. 修复废品的工资费用
   C. 修复废品的动力费用   D. 修复废品的销售费用
4. 计算不可修复废品的净损失应包括（　　）。
   A. 不可修复废品的成本   B. 废品的残值
   C. 废品的应收赔款   D. 废品的材料费
5. "废品损失"账户的借方应反映的项目有（　　）。
   A. 可修复废品成本   B. 不可修复废品成本
   C. 可修复废品的工资费用   D. 可修复废品的动力费用

二、职业判断能力训练

1. 可修复废品是指经过修复可以使用，而且在经济上合算的废品。（　　）
2. 废品损失是指废品的报废损失，即不可修复废品的生产成本扣除回收材料、废料价值后的净损失。（　　）
3. 在不单独核算废品损失的情况下，合格品的各个成本项目中均可能包括废品损失。（　　）
4. 企业季节性停工和大修理停工其损失应计入产品生产成本。（　　）
5. 损失性费用没有创造价值，不应计入产品成本。（　　）
6. 销售后发现的废品，包括废品的生产成本和运输费用等，都应作为废品损失。（　　）
7. 产品入库以后由于保管不善等原因产生的废品损失，应作为管理费用处理。（　　）
8. 停工损失包括停工期内所支付的生产工人工资和提取的应付福利费、所耗用燃料和动力费，以及应负担的制造费用等。（　　）
9. 质量虽不符合规定标准，但经检验，可以不需要返修即可降价出售的产品，其损失计入废品损失。（　　）

三、职业应用能力训练

［资料］郑州乐都齿轮公司第一生产车间生产乙产品本月完工 400 件，验收入库发现废品 12 件；合格品生产工时为 5 820 小时，废品生产工时为 180 小时。乙产品成本明细账所

记合格品和废品的全部生产费用为：原材料 16 000 元；燃料和动力 7 800 元；工资和福利费 9 000 元；制造费用 4 200 元。原材料是生产开始时一次投入，废品残料入库作价 100 元。

[要求] 根据以上资料，编制"不可修复废品损失计算表"（见表 2-12），并编制有关废品损失的会计分录（"生产成本""废品损失"账户列示明细科目）。

表 2-12　　　　　　　　　不可修复废品损失计算表（按实际费用计算）　　　　　　金额单位：元

项　目	数量（件）	原材料	生产工时（小时）	燃料和动力	工资和福利费	制造费用	成本合计
合格品和废品生产费用							
费用分配率							
废品生产成本							
减：废品残料							
废品报废损失							

会计分录：

项目三 Project 3
生产费用在完工产品与在产品之间的分配

任务一 核算在产品数量

一、职业选择能力训练

（一）单选题

1. 盘亏时做账务处理不涉及的科目有（　　）。
   A. "销售费用"　　　　　　　　　B. "制造费用"
   C. "营业外支出"　　　　　　　　D. "待处理财产损溢"
2. 下列哪一个选项不属于在产品（　　）。
   A. 正在车间加工的半成品　　　　B. 需要继续加工的半成品
   C. 等待验收入库的半成品　　　　D. 对外销售的产成品
3. 发生盘盈时，按计划或者定额成本记入（　　）账户的借方。
   A. "待处理财产损溢"　　　　　　B. "营业外收入"
   C. "基本生产成本"　　　　　　　D. "辅助生产成本"
4. 在产品发生盘盈时，贷方账户是（　　）。
   A. "待处理财产损溢"　　　　　　B. "营业外收入"
   C. "基本生产成本"　　　　　　　D. "辅助生产成本"
5. 狭义的在产品是指（　　）。
   A. 自制半成品　　　　　　　　　B. 产成品
   C. 进行加工的在产品　　　　　　D. 正在车间返修的产品

（二）多选题

1. 完工产品和月末在产品成本的计算模式有（　　）。

A. 先计算完工产品，再计算在产品成本
B. 先计算在产品成本，再计算完工产品成本
C. 先计算月初在产品成本，再计算月末在产品成本
D. 将费用在完工产品与在产品之间按照一定的比例分配

2. 在产品计算的方法有（　　）。
A. 约当产量法　　　　　　　　B. 定额比例法
C. 定额成本法　　　　　　　　D. 工时比例法

3. 扣除过失人赔款的会计处理可能涉及的会计账户有（　　）。
A. "其他应收款"　　　　　　　B. "营业外支出"
C. "待处理财产损溢"　　　　　D. "制造费用"

4. 产品发生盘亏和损毁时会涉及的会计科目有（　　）。
A. "待处理财产损溢"　　　　　B. "原材料"
C. "资产减值损失"　　　　　　D. "制造费用"

5. 盘盈会计处理时会涉及的会计科目有（　　）。
A. "生产成本"　　　　　　　　B. "资产减值损失"
C. "制造费用"　　　　　　　　D. "待处理财产损溢"

二、职业判断能力训练

1. 在产品盘盈盘亏处理的核算，应在制造费用结账前进行。（　　）
2. 在产品是指没有完成全部生产过程、不能作为商品销售的产品。（　　）
3. 在产品包括对外销售的自制半成品。（　　）
4. 广义的在产品是指从原材料、外购货物投入生产到制成成品前，存在于生产过程的各个阶段、各个环节商品需要继续加工的产品，包括存在于车间之间的半成品和存在于车间内部的在制品。（　　）
5. 对于盘盈的在产品，应于批准后，冲减"管理费用"账户。（　　）

三、职业应用能力训练

[资料] 某企业月末对在产品进行清查，发现在产品盘亏及毁损数量是100件，每件产品的定额成本是30元。经核实上述盘亏及毁损的在产品，其中500元由责任人赔偿，500元属于自然灾害，另外有100元的材料入库，净损失作为制造费用。

[要求] 试写出如下会计分录：
（1）批准前的会计分录；（2）批准后的会计分录。

任务二　分配完工产品和在产品之间费用的方法

一、职业选择能力训练

（一）单选题

1. 某企业生产产品经过 2 道工序，各工序的工时定额分别为 50 小时和 100 小时，那么第二道工序的完工率是（　　）。
   A. 60%   B. 70%
   C. 50%   D. 66.7%

2. 采用约当产量法计算完工产品和在产品成本时，若原材料不是开始时一次性投入的，而是随着生产进度陆续投入，但是在每道工序是一次性投入的，原材料消耗定额第一道工序是 30 千克，第二道工序是 70 千克，则第二道工序在产品的完工率是（　　）。
   A. 100%   B. 70%
   C. 50%   D. 78%

3. 定额管理基础较好，各项消耗定额或费用定额比较准确、稳定，但各月末在产品数量变化较大的产品，其在成本计算时通常采用（　　）。
   A. 定额成本法   B. 约当产量法
   C. 定额比例法   D. 不计算在产品成本法

4. 不计算在产品成本法适用于（　　）。
   A. 各月末在产品数量很大   B. 各月末在产品数量很小
   C. 各月末在产品数量变化很大 D. 各月末在产品数量变化不大

5. 企业产品成本中原材料费用所占比重较大时，月末可采用在产品和完工产品之间分配的方法是（　　）。
   A. 定额成本法   B. 在产品按所耗原材料成本计算法
   C. 定额比例法   D. 不计算在产品成本法

6. 甲产品经过两道工序加工完成，采用约当产量比例法将直接人工成本在完工产品和月末在产品之间进行分配。甲产品月初在产品和本月发生的直接人工成本总计是 23 200 元。本月完工产品 200 件，月末第一工序在产品 20 件，完工率是 40%；第二工序在产品 40 件，完工率是 60%。月末在产品的直接人工成本是（　　）元。
   A. 3 200   B. 6 000
   C. 4 000   D. 10 000

7. 某公司 C 产品本月完工产品产量是 3 000 件，在产品数量是 400 件；在产品单位定额成本为：直接材料 400 元，直接人工 100 元，制造费用 150 元。C 产品本月月初在产品和本月耗用直接材料成本共计1 360 000元，直接人工成本640 000元，制造费用960 000元。C产品完工产品总成本是（　　）元。

A. 2 500 000　　　　　　　　　B. 3 600 000
C. 2 700 000　　　　　　　　　D. 2 800 000

8. 某企业A产品经过两道工序加工完成。A产品耗用的原材料在生产开始时一次性投入。生产成本在完工产品和月末在产品之间采用约当产量法。201×年9月和A产品有关的资料如下：（1）A产品的单位定额工时100小时，其中第一道工序60小时，第二道工序40小时，假定各工序内在产品完工程度平均是50%。（2）本月完工产品600件，累计发生产品费用900 000元。月末在产品数量为：第一道工序200件，第二道工序300件。201×年9月第一道工序和第二道工序的完工率分别是（　　）。

A. 60%，40%　　　　　　　　　B. 30%，80%
C. 40%，60%　　　　　　　　　D. 50%，50%

9. 某工业企业甲产品的原材料在生产开始时一次性投入，产品成本中原材料费用所占比重较大，月末在产品按其所耗原材料费用计价，其201×年9月初在产品费用是8 000元，该月生产费用为：直接材料16 000元，直接人工3 000元，制造费用4 000元，该月完工产品500件，月末在产品300件，完工产品成本是（　　）元。

A. 22 000　　　　　　　　　　B. 15 000
C. 9 000　　　　　　　　　　　D. 65 000

（二）多选题

1. 采用定额比例法计算产品成本时，所使用的定额主要有（　　）。

A. 材料定额消耗量　　　　　　B. 材料定额费用
C. 工时定额消耗量　　　　　　D. 材料计划单位成本

2. 采用定额成本法计算在产品成本时，应具备以下条件（　　）。

A. 定额管理基础较好　　　　　B. 消耗定额比较准确
C. 各月末在产品数量变化不大　D. 产品产量大

3. 采用原材料扣除法计算产品成本时，应具备的条件有（　　）。

A. 在产品成本中材料费用所占的比重较大
B. 在产品成本中材料费用所占的比重较小
C. 加工费用比重小
D. 加工费用比重大

4. 月末生产费用在完工产品与在产品之间的分配方法有（　　）。

A. 约当产量法　　　　　　　　B. 定额比例法
C. 在产品按定额成本计价法　　D. 原材料扣除法

5. 采用约当产量法计算完工产品的成本，在产品约当产量应按（　　）计算。

A. 完工程度　　　　　　　　　B. 投料程度
C. 废品率　　　　　　　　　　D. 完工入库程度

二、职业判断能力训练

1. 企业应该根据在产品数量的多少、各月在产品数量变化的大小，各项成本比重的大小，以及定额管理基础的好坏等具体条件，采用适当的分配方法将生产成本在完工产品和在产品之间进行分配。（ ）
2. 约当产量法只适用于加工费用的分配，不适用于原材料费用的分配。（ ）
3. 在产品按定额成本计价时，在产品费用脱离实际成本之间的差异额全部由完工产品负担。（ ）
4. 在产品按所耗原材料计价时，都应按完工产品与月末在产品的数量比例分配它们原材料费用。（ ）
5. 采用定额比例法计算完工产品和在产品成本时，各种费用应采用相同的分配标准。（ ）

三、职业应用能力训练

【训练一】

[资料] 某公司生产甲产品，原材料随着生产进度陆续投入且投入量和加工进度不一致。生产该产品月初和本月发生的费用合计为：直接材料 40 320 元，直接人工 3 160 元，制造费用 2 528 元。本月完工产品 110 件。计算月末完工产品和在产品的成本。有关资料见表 3-1：

表 3-1

工序	本工序原材料消耗定额（千克）	工时消耗定额（小时）	在产品数量（件）
第 1 工序	50	40	30
第 2 工序	30	60	60
合计	80	100	90

[要求] 计算月末完工产品和在产品的成本。

【训练二】

[资料] 某产品月初在产品的直接材料 3 110 元，直接人工和制造费用 7 500 元；本月发生的直接材料 5 210 元，直接人工和制造费用 10 500 元；本月完工产品 120 件，单价产品的材料消耗定额 4 千克，工时消耗定额 50 小时，月末在产品的定额材料消耗量共计 800 千克，定额工时共计 3 000 小时。

[要求] 根据上述资料采用定额比例法分配完工产品成本和期末在产品成本。

【训练三】

[资料] 某公司生产甲产品，该产品直接材料费用在产品成本中所占的比重较大，完工产品与在产品之间的费用分配采用在产品按所耗直接材料费用计价法。甲产品月初在产品直接材料为 40 000 元。本月发生直接材料费用 210 000 元，直接人工 8 000 元，制造费用 2 000 元。完工产品 850 件，月末在产品 150 件。直接材料为一次性投入。

[要求] 计算完工产品成本并编制会计分录。

任务三　结转完工产品成本

一、职业选择能力训练

（一）单选题

1. 通过对在产品成本的计算，从而计算出完工产品的生产成本，然后将其转入（　　）。
   A. "库存商品"账户　　　　　　　B. "原材料"账户
   C. "生产成本"账户　　　　　　　D. "主营业务成本"账户

2. 计算出来的完工产品成本，应从"基本生产成本"账户的贷方转入（　　）账户的借方。
   A. "库存商品"账户　　　　　　　B. "原材料"账户
   C. "生产成本"账户　　　　　　　D. "主营业务成本"账户

3. 某企业只生产和销售甲产品，2017年4月1日期初在产品成本3.5万元。4月份发生如下费用：领用原材料6万元，生产工人工资2万元，制造费用1万元，行政管理部门材料消耗1.5万元，专设销售机构固定资产折旧费0.8万元。月末在产品成本3万元。该企业4月份甲产品的生产成本是（　　）万元。
   A. 9
   B. 10
   C. 9.5
   D. 8.3

（二）多选题

1. "库存商品"账户的结构是（　　）。
   A. 借方登记入库产品的成本　　　B. 借方登记发出产品的成本
   C. 期末余额为库存商品的成本　　D. 贷方登记发出商品的成本

2. 完工产品结转的会计分录，借方有可能出现的会计账户是（　　）。
   A. "库存商品"账户　　　　　　　B. "原材料"账户
   C. "生产成本——基本生产成本"账户　D. "低值易耗品"账户

3. 以下哪些属于完工产品（　　）。
   A. 完成全部生产过程，符合技术与质量要求，验收入库的产品
   B. 完工转出的自制品
   C. 对外出售的库存商品
   D. 尚未加工完成的自制品

二、职业判断能力训练

1. "生产成本——基本生产成本"账户的月末余额,就是基本生产在产品的成本。（ ）

2. 企业完工产品经产成品仓库验收入库后,其成本应从"基本生产成本"所属账户产品成本明细账的贷方转出,转入到"库存商品"账户的借方。（ ）

3. 企业月末在产品成本在"基本生产成本"账户的借方,也需要进行结转,转入到"库存商品"账户中。（ ）

4. 如果月末某种产品全部未完工,该种产品生产成本明细账所归集的费用总额就是该种产品在产品的总成本。（ ）

5. 企业应该设置产品生产成本明细账,用来归集应计入各种产品的生产费用。（ ）

三、职业应用能力训练

[资料] 工业企业的完工产品,包括产成品、自制材料、工具、磨具等。产品成本汇总表如表3-2所示:

表3-2　　　　　　　　　　　　产品成本汇总表
201×年1月11日　　　　　　　　　　　　　　　　　　　　　　　　金额单位:元

产品名称	直接材料	直接燃料和动力	直接人工	制造费用	废品损失	合计
甲产品	460 000	1 100	348 600	112 888		
乙产品	250 000	21 999	192 000	236 666	9 877	
合计						

[要求] 根据上述资料编制完工入库的会计分录。

项目四 Project 4

产品成本核算的方法

任务一 熟悉生产特点和管理要求对产品成本核算的影响

一、职业选择能力训练

(一) 单选题

1. 工业企业的（　　），是按照生产组织方式的特点来划分的。
   A. 单步骤生产　　　　　　　B. 复杂生产
   C. 多步骤生产　　　　　　　D. 大量生产
2. 生产特点和管理要求对产品成本核算的影响主要表现在（　　）。
   A. 生产组织方式的特点　　　B. 生产工艺过程的特点
   C. 生产管理的要求　　　　　D. 产品成本核算对象的确定
3. 下列哪些工业企业属于单步骤生产（　　）。
   A. 发电厂　　　　　　　　　B. 纺织厂
   C. 冶金厂　　　　　　　　　D. 造纸厂
4. 决定成本计算对象的因素是生产特点和（　　）。
   A. 成本计算实体　　　　　　B. 成本计算期
   C. 成本管理要求　　　　　　D. 成本计算方法
5. 单步骤生产也称为（　　）。
   A. 简单生产　　　　　　　　B. 复杂生产
   C. 标准生产　　　　　　　　D. 单项生产

(二) 多选题

1. 制造业的生产，按照生产工艺过程划分，可以分为（　　）。

A. 大批生产 B. 小批生产
C. 单步骤生产 D. 多步骤生产
E. 单件生产

2. 受生产类型特点和管理要求的影响，产品成本的计算对象有（   ）。
A. 产品品种 B. 产品类别
C. 产品批别 D. 产品生产步骤
E. 产品定额

3. 制造企业的生产按照生产组织方式划分，可分为（   ）。
A. 大量生产 B. 小批生产
C. 成批生产 D. 单件生产
E. 复杂生产

4. 在品种规格繁多且可按一定标准划分为若干类别的企业或者车间中，能够应用分类法计算成本的产品生产类型有（   ）。
A. 大批量单步骤生产 B. 大批量多步骤生产
C. 成批生产 D. 单件生产

5. 以下各项，哪些因素会对成本计算方法产生影响（   ）。
A. 管理要求 B. 生产类型
C. 产品企业 D. 产品所在的行业

二、职业判断能力训练

1. 制造业的生产，按其生产组织方式的特点划分，可分为大量生产、成批生产和单件生产三大类。（   ）
2. 生产类型不同，管理要求不同，产品成本核算对象也应有不同。（   ）
3. 产品成本核算对象，包括产品品种、产品批别和产品类别三种。（   ）
4. 在大量、大批生产的情况下，由于各批产品的生产周期不同。因此，成本计算期是非定期的。（   ）
5. 成本计算对象是区分不同成本计算方法的主要标志。（   ）

任务二 认知产品成本核算的基本方法和辅助方法

一、职业选择能力训练

(一) 单选题

1. 下列方法中属于产品成本核算的辅助方法的有（   ）。
   A. 品种法   B. 定额法
   C. 分批法   D. 分步法

2. 产品成本核算方法中最基本的方法是（   ）。
   A. 分类法   B. 品种法
   C. 分批法   D. 分步法

3. 下列成本核算方法中不属于成本核算基本方法的是（   ）。
   A. 分类法   B. 品种法
   C. 分批法   D. 分步法

4. 在大量生产的企业里，要求连续不断地重复生产一种或若干种产品，因而管理上只要求而且也只能按照（   ）核算成本。
   A. 产品的批别   B. 产品的品种
   C. 产品的类别   D. 分步法

5. 在大量大批管理上不要求分步骤核算成本的多步骤生产的企业里应采用的成本核算方法是（   ）。
   A. 品种法   B. 分批法
   C. 分类法   D. 分步法

(二) 多选题

1. 产品成本计算的辅助方法包括（   ）。
   A. 品种法   B. 分批法
   C. 分类法   D. 分步法
   E. 定额法

2. 产品成本核算的基本方法有（   ）。
   A. 品种法   B. 分批法
   C. 分类法   D. 分步法
   E. 定额法

3. 影响产品成本核算方法因素有（   ）。

A. 生产费用的归集方法 B. 成本核算对象的确定
C. 间接费用的分配方法 D. 在产品成本的核算
E. 成本计算期的确定

4. 以下哪些方法的成本计算期和会计报告期一致（　　）。
A. 品种法 B. 分批法
C. 分类法 D. 分步法

5. 成批生产按照产品批量的大小，可分为（　　）。
A. 单件生产 B. 大批生产
C. 小批生产 D. 复杂生产

二、职业判断能力训练

1. 辅助生产车间如供水、供电车间，通常采用分批法核算产品成本。（　　）
2. 品种法适用于大量大批生产的工业企业。（　　）
3. 采掘、发电企业一般采用分步法核算产品成本。（　　）
4. 分批法的成本核算对象是产品批别，成本核算期和产品的生产周期一致。（　　）
5. 生产按组织方式分类，可以分为大量生产、成批生产和单件生产。（　　）

项目五 Project 5

产品成本核算的品种法

任务一 品种法的工作原理

一、职业选择能力训练

（一）单选题

1. 产品单步骤、大批量生产，应采用的成本计算方法是（　　）。
   A. 品种法　　　　　　　　B. 分步法
   C. 分批法　　　　　　　　D. 分类法
2. 下列各项中，属于品种法特点的是（　　）。
   A. 分品种、分批别、分步骤计算产品成本
   B. 分品种、分批别、不分步骤计算产品成本
   C. 分品种、不分批别、不分步骤计算产品成本
   D. 不分品种、分批别、分步骤计算产品成本
3. 区分各种产品成本计算基本方法的标志是（　　）。
   A. 成本计算期　　　　　　B. 完工产品和在产品成本划分
   C. 成本计算对象　　　　　D. 间接计入费用的分配方法
4. 品种法的计算对象是（　　）。
   A. 产品类别　　　　　　　B. 产品步骤
   C. 产品批别　　　　　　　D. 产品品种
5. 企业提供劳务的辅助生产单位，适宜采用（　　）计算其产品的成本。
   A. 分步法　　　　　　　　B. 分批法
   C. 品种法　　　　　　　　D. 定额法

（二）多选题

1. 品种法适用于（　　）。
A. 大量大批的单步骤生产的企业
B. 管理上不需要提供各步骤成本资料的大量大批多步骤生产的企业
C. 按产品生产步骤计算产品成本的企业
D. 按产品批别计算产品成本的企业

2. 企业成本核算基本方法有（　　）。
A. 品种法　　　　　　　　　B. 分步法
C. 分批法　　　　　　　　　D. 分类法
E. 定额法

3. 品种法是（　　）。
A. 最基本的成本计算方法
B. 要求按批别计算产品成本
C. 成本计算期和生产周期一致
D. 以产品品种作为成本计算对象的方法

4. 品种法一般适用于（　　）。
A. 大量大批单步骤生产的企业
B. 大量大批多步骤生产，但管理上不要求分步计算产品成本的企业
C. 企业供气、供水等单步骤生产的辅助生产成本的计算
D. 小批量生产的企业

5. 下列企业中，适合用品种法计算产品成本的是（　　）。
A. 发电厂　　　　　　　　　B. 拖拉机厂
C. 汽车装配厂　　　　　　　D. 糖果厂

二、职业判断能力训练

1. 企业按照客户订单组织产品生产的情况下，应当采用品种法计算产品成本。（　　）
2. 成本计算方法一经选定，一般不得随意变动。（　　）
3. 大量大批多步骤生产的企业均应采用分步法计算产品成本。（　　）
4. 品种法是最基本的产品成本计算方法。（　　）
5. 大量大批多步骤生产的企业管理上要求分步核算产品成本的企业采用品种法。（　　）

任务二 应用品种法核算产品成本

一、职业选择能力训练

(一) 单选题

1. 下列方法中，属于产品成本计算最基本方法的是（　　）。
   A. 品种法　　　　　　　　B. 分步法
   C. 分类法　　　　　　　　D. 分批法
   E. 成本计算期与生产周期一致
2. 吉林造纸厂设有两个基本生产车间，即制浆、制纸车间，管理上各车间均不要求计算自制半成品的成本，企业成本核算方法适宜选择（　　）。
   A. 分类法　　　　　　　　B. 分步法
   C. 分批法　　　　　　　　D. 品种法
3. 山西大同煤矿有限责任公司，应以（　　）作为成本核算对象。
   A. 产品批号　　　　　　　B. 产品品种
   C. 产品的生产步骤　　　　D. 产品的类别
4. 品种法适用的生产组织是（　　）。
   A. 大量成批生产　　　　　B. 大量大批生产
   C. 分批生产　　　　　　　D. 单件生产
5. 发电厂采用的成本计算方法是（　　）。
   A. 品种法　　　　　　　　B. 分步法
   C. 分类法　　　　　　　　D. 分批法

(二) 多选题

1. 下列企业中，适合运用品种法计算产品成本的有（　　）。
   A. 糖果厂　　　　　　　　B. 饼干厂
   C. 拖拉机厂　　　　　　　D. 造船厂
   E. 发电厂
2. 对于品种法，下列说法正确的是（　　）。
   A. 如果企业生产的产品属于多步骤，则应采用品种法计算产品成本
   B. 如果是单步骤、大量生产型企业，则应采用品种法计算产品成本
   C. 品种法是以产品品种作为成本计算对象，归集和分配生产成本，计算产品成本的一种方法
   D. 品种法成本计算按月进行，成本计算期与会计报告期一致，与生产周期不一致

3. 品种法的特点是（　　）。
   A. 以产品的品种作为成本计算对象　　B. 按月定期计算产品成本
   C. 简单品种法一般要计算在产品成本　D. 一般适用于大量大批生产
4. 成本计算期和会计报告期一致的方法有（　　）。
   A. 品种法　　　　　　　　　　　B. 分批法
   C. 分步法　　　　　　　　　　　D. 定额法

二、职业判断能力训练

1. 因为采用品种法可以计算出每一种产品的成本，所以就不需要计算在产品成本。（　　）
2. 按品种法计算产品成本，其成本计算期与会计报告期是一致的，与生产周期不一致。
（　　）
3. 不论什么组织方式的制造企业，不论生产什么类型的产品，也不论成本管理要求如何，最终都必须按照产品品种计算出产品成本。（　　）
4. 品种法的成本计算期和会计报告期不一致。（　　）
5. 机械制造企业通常采用品种法进行产品成本的计算。（　　）

三、职业应用能力训练

[资料] 某企业基本生产车间生产甲、乙两种产品，成本核算采用品种法，成本核算资料如下：

（1）本月产量、工时记录、在产品完工程度（原材料陆续投入）如表 5-1 所示：

表 5-1

产品名称	月初在产品（件）	本月完工产品（件）	月末在产品（件）	月末在产品完工程度	耗用工时（小时）
甲产品	30	200	40	50%	600
乙产品	10	80	40	50%	400

（2）月初在产品成本：甲产品为 6 820 元，其中：直接材料 2 460 元，直接人工 3 080 元，制造费用 1 280 元；乙产品为 2 360 元，其中：直接材料 1 200 元，直接人工 500 元，制造费用 660 元。本月发生生产成本如表 5-2 所示：

表 5-2　　　　　　　　　　　　　　　　　　　　　　　　　　　　　　　　　　金额单位：元

产品名称	直接材料	直接人工	制造费用
甲产品	16 240		
乙产品	7 800		
合计	24 040	11 000	9 600

[要求]（1）按工时比例将本月的直接人工、制造费用在甲、乙产品间分配；
（2）按约当产量法将生产成本在完工产品与月末在产品之间进行分配；
（3）计算甲产品及乙产品本月完工产品的单位成本。

项目六 Project 6

产品成本核算的分批法

任务一 分批法的工作原理

一、职业选择能力训练

（一）单选题

1. 分批法的成本核算对象是（   ）。
A. 产品的批别   B. 产品的品种
C. 生产的步骤   D. 产品的订单
2. 分批法的特点是（   ）。
A. 按品种核算产品成本   B. 按月核算产品成本
C. 按步骤核算产品成本   D. 按批别核算产品成本
3. 通常情况下，可采用分批法核算产品成本的企业是（   ）。
A. 纺织厂   B. 发电厂
C. 造纸厂   D. 造船厂
4. 分批法的成本计算期一般按（   ）。
A. 月份归集   B. 生产合同
C. 生产周期   D. 会计核算期
5. 小批、单件、管理上不要求分步计算成本的企业，计算成本时应采用（   ）。
A. 品种法   B. 分批法
C. 分步法   D. 分类法

（二）多选题

1. 在下列企业中，可采用分批法计算成本的企业有（   ）。

A. 重型机械厂 B. 造船厂
C. 发电厂 D. 专用设备生产厂

2. 按分批法计算产品成本时，间接生产费用的分配方法有（　　）。
A. 当月分配法 B. 约当产量法
C. 累计分配法 D. 定额成本法

3. 采用分批法计算产品成本时，作为某一成本计算对象的批别，可以按（　　）确定。
A. 本企业规定的产品批别 B. 同一订单中的多种产品
C. 不同订单中的同种产品 D. 不同订单中的不同产品

4. 分批法的核算对象可以是（　　）。
A. 产品的工艺过程 B. 产品的批别
C. 产品的种类 D. 客户的订单

5. 分批法的适用范围有（　　）。
A. 企业的生产车间 B. 新产品的试制
C. 经常需要变化产品种类的小型企业 D. 发电厂

二、职业判断能力训练

1. 分批法是以产品批别为成本核算对象，归集费用，核算产品成本的一种方法。（　　）

2. 分批法一般是根据用户的订单组织生产的，在一份订单中即便存在多种产品也应合为一批组织生产。（　　）

3. 采用分批法核算成本比采用品种法核算成本程序简单。（　　）

4. 分批法下如果产品批量较大，出现批内跨月陆续完工和分次交货情况时，应该采取适当的计算方法计算完工产品成本和月末在产品成本。（　　）

5. 分批法的成本计算期和会计报告期一致。（　　）

任务二　应用分批法核算产品成本

一、职业选择能力训练

（一）单选题

1. 简化分批法之所以简化，是由于（　　）。
A. 不计算在产品成本
B. 不分批计算在产品成本

C. 采用累计的间接费用分配率分配生产费用
D. 在产品完工以前不登记产品成本明细账

2. 采用分批法核算产品成本时，若是单件生产，月末核算产品成本时（　　）。
A. 需要将生产费用在完工产品与在产品之间进行分配
B. 不需要将生产费用在完工产品与在产品之间进行分配
C. 区别不同情况确定是否分配生产费用
D. 应采用同小批生产一样的核算方法

3. 采用累计分配法分配间接费用，是一种简化的分批法，月末未完工产品的间接费用（　　）。
A. 全部分配　　　　　　　　B. 部分分配
C. 全部保留　　　　　　　　D. 部分保留

4. 分批法成本计算对象的确定通常是根据（　　）。
A. 用户订单　　　　　　　　B. 产品品种
C. 客户要求　　　　　　　　D. 生产任务通知单

5. 在各种产品成本计算方法中，必须设置基本生产成本明细账的方法是（　　）。
A. 定额法　　　　　　　　　B. 分批法
C. 分类法　　　　　　　　　D. 平行结转分步法

6. 采用简化分批法，产品完工以前产品成本明细账（　　）。
A. 只登记各种材料费用
B. 登记间接计入费用，不登记直接计入费用
C. 登记直接材料费用和生产工时
D. 登记间接费用和生产工时

7. 采用简化分批法计算产品成本，基本生产成本明细账与产品成本明细账无法核对的项目是（　　）。
A. 月末在产品间接计入费用项目余额　　B. 月末在产品直接材料项目余额
C. 月末在产品生产工时项目余额　　　　D. 完工产品成本合计数

（二）多选题

1. 简化分批法下，产品成本明细账中应登记的内容是（　　）。
A. 完工产品的生产工时　　　　B. 完工产品的间接计入费用
C. 月末在产品的生产工时　　　D. 月末在产品的间接计入费用
E. 月末在产品的直接计入费用

2. 产品成本计算的分批法适用于（　　）。
A. 小批生产　　　　　　　　B. 单件生产
C. 大量生产　　　　　　　　D. 大批生产

3. 分批法下，批内产品跨月陆续完工不多的情况下，可以采用（　　）完工产品成本的方法。
A. 按计划单位成本计算结转
B. 暂不结转，待全部完工后一并计算结转

C. 按定额单位成本计算结转

D. 按估计的单位成本结转

E. 按近期同种产品实际单位成本计算结转

4. 简化分批法下应该设置的账簿有（　　）。

A. 基本生产成本二级账　　　　B. 生产成本明细账

C. 制造费用明细账　　　　　　D. 人工费用明细账

5. 简化分批法下，生产成本明细账中，平时只登记（　　）。

A. 制造费用　　　　　　　　　B. 人工费用

C. 生产工时　　　　　　　　　D. 直接费用

二、职业判断能力训练

1. 产品成本计算的分批法，是按照产品批别计算产品成本的一种基本方法，它只适用于小批生产。（　　）

2. 分批法下，必须根据购买者的订单确定。（　　）

3. 采用简化分批法，每月发生的各项间接计入费用，不按月在各批产品之间进行分配。（　　）

4. 如果月末完工产品的批数不多，则不宜采用简化分批法。（　　）

5. 如果一张订单规定有几种产品，也应合并为一批组织生产，并计算成本。（　　）

6. 在单件和小批生产企业中，产品成本有可能在某批产品完工时计算，因而成本计算期是不定期的，成本计算期与产品生产周期相一致。（　　）

7. 采用分批法计算产品成本，只有在该批产品全部完工时才能计算完工产品成本。（　　）

8. 分批法与品种法的主要区别是成本计算对象和成本计算期不同。（　　）

9. 如果是单件生产，产品完工前，产品成本明细账所记的生产费用，都是在产品成本。（　　）

三、职业应用能力训练

【训练一】

[资料] 郑州乐都齿轮公司采用分批法核算产品成本，201×年3月同时生产三批产品：

（1）201×年3月月初在产品成本：

批号101：甲产品直接材料1 600元，直接人工800元，制造费用600元；

批号102：乙产品直接材料2 400元，直接人工1 600元，制造费用1 000元。

（2）本月生产情况：

101批号甲产品为2月份投产4件，3月份已经全部完工入库；

102批号乙产品为1月份投产5件，3月份已经全部完工入库；

103批号丙产品为本月投产6件，本月尚未完工。

（3）本月各批号生产费用如下：

101批号甲产品：直接人工1 600元，制造费用1 200元；

102批号乙产品：直接材料900元，直接人工800元，制造费用700元；

103批号丙产品：直接材料1 200元，直接人工800元，制造费用500元。

[要求] 根据上述资料，采用分批法登记各批产品成本明细账，如表6-1、表6-2和表6-3所示。

表6-1　　　　　　　　　　产品成本明细账　　　　　　　　　投产：2月
批号：101　　　　　　　　　产品名称：甲　　　　　　　　　　完工：3月
　　　　　　　　　　　　　　　　　　　　　　　　　　　　　　金额单位：元

摘要	直接材料	直接人工	制造费用	合计
月初在产品成本				
本月生产费用				
生产费用合计				
完工产品成本				
完工产品单位成本				

表6-2　　　　　　　　　　产品成本明细账　　　　　　　　　投产：1月
批号：102　　　　　　　　　产品名称：乙　　　　　　　　　　完工：3月
　　　　　　　　　　　　　　　　　　　　　　　　　　　　　　金额单位：元

摘要	直接材料	直接人工	制造费用	合计
月初在产品成本				
本月生产费用				
生产费用合计				
完工产品成本				
完工产品单位成本				

表6-3　　　　　　　　　　产品成本明细账　　　　　　　　　投产：3月
批号：103　　　　　　　　　产品名称：丙　　　　　　　　　　完工：
　　　　　　　　　　　　　　　　　　　　　　　　　　　　　　金额单位：元

摘要	直接材料	直接人工	制造费用	合计
本月生产费用				
月末在产品成本				

【训练二】

[资料] 郑州乐都齿轮公司某车间生产甲和乙两种产品，属于小批生产，采用分批法计算产品成本。生产情况和生产费用资料如下：

（1）4月生产的产品批号为：

301批号甲产品5台，3月投产，本月完工。

401批号乙产品10台，本月投产，月末完工2台。

(2) 4月的成本资料如下：

301批号甲产品的月初在产品费用：直接材料6 000元，直接人工2 000元，制造费用5 000元，合计为13 000元。

各批产品本月发生的费用如表6-4所示。

表6-4   金额单位：元

批号	直接材料	直接人工	制造费用
301		500	1 000
401	7 000	2 000	4 000

401批号乙产品完工数量少，按计划成本结转，每台计划成本为：直接材料900元，直接人工230元，制造费用500元，合计1 630元。

(3) 5月份成本资料如下：

401批号乙产品全部完工，5月份发生的直接人工费用800元，制造费用1 400元。

[要求] (1) 计算4月份各批完工产品和月末在产品；

(2) 计算5月份401批号乙产品完工产品成本；

(3) 计算401批号乙产品全部完工产品实际总成本和单位成本。

【训练三】

[资料] 郑州乐都齿轮公司某车间9月份生产901批等数个批号的产品，成本计算采用简化分批法。有关资料如下：

(1) "基本生产成本"二级账记录：本月累计产品生产费用131 400元，其中：直接材料89 400元，直接人工27 000元，制造费用15 000元；本月累计工时30 000；

(2) 901批号成本计算单列示本月累计直接材料40 000元，6 000工时；

(3) 901批号本月完工4件，6件尚未完工，该批产品原材料在生产开始一次性投入，月末在产品的定额工时共计3 480工时。

[要求] 编制901批号产品成本计算单，并核算该批产品完工产品成本和月末在产品成本（采用间接费用累计分配法进行间接费用的分配）。

项目七 Project 7

产品成本核算的分步法

任务一 分步法的工作原理

一、职业选择能力训练

（一）单选题

1. 分步法的成本核算对象是（   ）。
   A. 产品的批别   B. 产品的品种
   C. 生产的步骤   D. 产品的订单
2. 分步法的成本计算期是（   ）。
   A. 与生产周期一致   B. 与品种法的成本计算期一致
   C. 与分批法的成本计算期一致   D. 产品完工后计算成本
3. 分步法主要适用于（   ）。
   A. 大批大量的单步骤生产
   B. 小批单件的单步骤生产
   C. 大批大量的多步骤生产
   D. 大批大量的多步骤生产管理上是不要求分步骤计算产品成本的。
4. 分步法按照是否计算各步骤半成品成本，又分为（   ）。
   A. 综合结转分步法和分项结转分步法   B. 逐步结转分步法和综合结转分步法
   C. 分项结转分步法和平行结转分步法   D. 逐步结转分步法和平行结转分步法
5. （   ）不要求计算各步骤半成品成本。
   A. 逐步结转分步法   B. 分项结转分步法
   C. 综合结转分步法   D. 平行结转分步法
6. 下列可采用分步法计算产品成本的典型企业是（   ）。

A. 造船厂 B. 发电厂
C. 重型机器厂 D. 纺织厂

(二) 多选题

1. 平行结转分步法的特点是（　　）。
A. 各步骤半成品成本要随着半成品实物管理的转移而转移
B. 需要计算转出完工半成品成本
C. 各步骤半成品成本不随着半成品实物管理的转移而转移
D. 成本计算对象是完工产品成本份额
E. 不需要计算转出完工半成品成本

2. 采用逐步结转分步法，按照结转的半成品在下一步骤产品成本明细账中的反映方式分为（　　）。
A. 综合结转法 B. 按实际成本结转法
C. 按计划成本结转法 D. 分项结转法

3. 采用分步法时，作为成本计算对象的生产步骤可以（　　）。
A. 按实际生产步骤设立
B. 按生产车间设立
C. 按一个车间中的几个生产步骤分别设立
D. 按几个车间合并成的一个生产步骤设立
E. 按整个企业合并一起设立

4. 逐步结转分步法的特点有（　　）。
A. 半成品成本随着实物的转移而转移 B. 可以计算出半成品成本
C. 期末在产品是指广义在产品 D. 期末在产品是指狭义在产品

5. 采用综合结转分步法，应将各步骤所耗用的半成品成本，以（　　）项目综合计入其生产成本明细账中。
A. 直接材料 B. 直接人工
C. 半成品 D. 燃料及动力

二、职业判断能力训练

1. 分步法的成本计算对象是各种产品及其所经过的各个生产步骤。（　　）
2. 分步法下产品成本计算的步骤应由实际生产步骤确定。（　　）
3. 分步法的成本计算期与会计报告期一致，与生产周期不一致。（　　）
4. 逐步结转分步法相当于品种法的接连应用。（　　）
5. 平行结转分步法，是在管理上要求提供各步骤半成品成本资料的情况下采用的分步法。（　　）

任务二 应用分步法核算产品成本

一、职业选择能力训练

（一）单选题

1. 需要进行成本还原的是（   ）。
   A. 平行结转分步法　　　　　　B. 逐步结转分步法
   C. 综合结转分步法　　　　　　D. 分项结转分步法
2. 平行结转分步法（   ）。
   A. 各步骤可以同时计算产品成本
   B. 可以提供半成品成本资料
   C. 费用结转与半成品实物转移是一致的
   D. 采用的是广义在产品
3. 成本还原的对象是（   ）。
   A. 产成品成本　　　　　　　　B. 产成品所耗上一步骤半成品的综合成本
   C. 最后步骤的产成品成本　　　D. 各步骤半成品成本
4. 逐步结转分步法中，完工产品与在产品之间的费用分配是指（   ）。
   A. 产成品与月末在产品之间的分配
   B. 完工产品与广义在产品之间的分配
   C. 完工产成品与月末加工中的在产品之间的分配
   D. 各步骤的完工半成品与加工中的在产品及最后步骤的产成品与该步骤的在产品之间的分配
5. 采用综合结转分步法计算产品成本时，若有三个生产步骤，则需要进行的成本还原次数是（   ）。
   A. 一次　　　　　　　　　　　B. 两次
   C. 三次　　　　　　　　　　　D. 四次
6. 采用平行结转法分步计算产品成本时（   ）。
   A. 不能提供所有步骤半成品的成本资料
   B. 只能提供第二步骤半成品成本资料
   C. 只能提供第一步骤半成品成本资料
   D. 只能提供最后步骤半成品成本资料

(二) 多选题

1. 在下列企业中，一般采用分步法进行成本计算的企业是（　　）。
   A. 冶金企业　　　　　　　　　B. 纺织企业
   C. 造纸企业　　　　　　　　　D. 发电企业
2. 逐步结转分步法和平行结转分步法的区别在于（　　）。
   A. 成本计算期不同　　　　　　B. 在产品含义不同
   C. 成本项目不同　　　　　　　D. 费用归集的内容不同
3. 平行结转分步法的适用情况是（　　）。
   A. 产品种类多，计算和结转半成品工作量大
   B. 管理上不要求提供各步骤半成品成本资料
   C. 管理上不要求提供原始成本项目反映的产成品成本资料
   D. 管理上不要求全面地反映各个生产步骤的生产耗费水平
4. 在平行结转分步法下，完工产品与在产品之间的费用分配，正确的说法是指（　　）两者之间的费用分配。
   A. 产成品与狭义在产品　　　　B. 产成品与广义在产品
   C. 产成品和半成品　　　　　　D. 应计入产成品的"份额"与广义在产品
5. 和逐步结转分步法相比，平行结转分步法的缺点是（　　）。
   A. 各步骤不能同时计算产品成本
   B. 不能为实物管理和资金管理提供资料
   C. 不能提供各步骤的半成品成本资料
   D. 不需要进行成本还原

二、职业判断能力训练

1. 逐步结转分步法特别适用于装配式多步骤生产的企业。（　　）
2. 平行结转分步法既要计算产成品成本，又要计算各步骤半成品成本。（　　）
3. 逐步结转分步法中各步骤半成品成本的转移和实物的转移是一致的。（　　）
4. 在综合结转分步法下进行成本还原，N 个生产步骤需要进行 N 次还原。（　　）
5. 成本还原的对象是产成品成本。（　　）
6. 采用逐步结转法分步法的主要目的，是为了计算各生产步骤所生产的半成品成本。（　　）
7. 采用逐步结转分步法计算产品成本时，半成品的成本不随其实物的转移而结转，而平行结转分步法情形正好与其相反。（　　）
8. 在逐步结转分项结转分步法中，在各步骤完工产品成本中，能看出其所耗用的上步骤半成品的成本。（　　）

三、职业应用能力训练

【训练一】

[资料] 郑州乐都齿轮公司本月生产 A 产品 100 件。有关生产成本资料如表 7-1 所示。

表 7-1　　　　　　　　　　　产品生产成本资料　　　　　　　　　　　金额单位：元

项目	自制半成品	直接材料	直接人工	制造费用	合计
还原前产成品成本	30 400		12 840	1 170	44 410
本月所产半成品成本		36 480	13 960	10 360	60 800

[要求] 编制 A 产品成本还原计算表如表 7-2 所示，并计算出按原始成本项目反映的产成品成本。

表 7-2　　　　　　　　　产品成本还原计算表　　　　　　　　　产品：A 产品
　　　　　　　　　　　　　　　　　　　　　　　　　　　　　　　金额单位：元

项目	还原分配率	自制半成品	直接材料	直接人工	制造费用	合计
还原前产成品成本		30 400		12 840	1 170	44 410
本月所产半成品成本			36 480	13 960	10 360	60 800
产成品成本中半成品成本还原						
还原后产成品成本						

【训练二】

[资料] 郑州乐都齿轮公司有两个生产车间，第一生产车间生产 A 半成品，第二生产车间再将 A 半成品加工为 B 产成品。产品成本计算方法采用逐步结转分步法。201×年 4 月份有关资料如下：

（1）第一生产车间本月完工 A 半成品 55 件（其中 50 件交第二生产车间继续加工，5 件交成品仓库），期末在产品 20 件，加工程度 75%，第一生产车间的生产是逐步投料、逐步加工。

（2）第二生产车间本月完工 B 产品 30 件，期末在产品 20 件，加工程度 50%。第二生产车间的生产是一次投料，逐步加工。

(3) 两个生产车间发生的生产费用，如表7-3所示。

表7-3　　　　　　　　　　　　　车间发生生产费用　　　　　　　　　　　　金额单位：元

摘要	直接材料	直接人工	制造费用
第一车间期初在产品成本	6 068	1 626	1 652
第一车间本月发生成本	22 450	4 310	3 640
第二车间本期发生成本		3 960	4 860

[要求] 采用综合结转法填写表7-4第一生产车间成本计算单，表7-5第二车间成本计算单和表7-6成本还原计算单。

表7-4　　　　　　　　　　　　　第一车间成本计算单　　　　　　　　　　　金额单位：元

项目	直接材料	直接人工	制造费用	合计
期初在产品成本				
本月费用				
合计				
完工A半成品成本				
期末在产品成本				

表7-5　　　　　　　　　　　　　第二车间成本计算单　　　　　　　　　　　金额单位：元

项目	半成品	直接人工	制造费用	合计
期初在产品成本				
本月费用				
合计				
完工成品成本				
期末在产品成本				

表7-6　　　　　　　　　　　　　成本还原计算单　　　　　　　　　　　　　金额单位：元

项目	还原分配率	自制半成品	直接材料	直接人工	制造费用	合计
还原前产成品成本						
本月所产半成品成本						
产成品成本中半成品成本还原						
还原后产成品成本						
产成品单位成本						

【训练三】

[资料] 某企业生产甲产品,经过三个步骤,原材料在开始生产时一次性投入,月末在产品按约当产量法计算,各步骤产品完工程度均为50%。有关产量记录和生产资料如表7-7、表7-8所示:

表 7-7　　　　　　　　　　　　　　产量记录　　　　　　　　　　　　　　　单位:件

项目	一步骤	二步骤	三步骤
月初在产	80	60	30
本月投产	120	160	120
本月完工	160	120	100
月末在产	40	100	50

表 7-8　　　　　　　　　　　　　　生产费用资料　　　　　　　　　　　　金额单位:元

成本项目		直接材料	燃料及动力	直接人工	制造费用	合计
月初在产品成本	一步骤	12 000	2 400	3 500	2 200	20 100
	二步骤		2 200	3 210	2 000	7 410
	三步骤		650	890	600	2 140
本月生产费用	一步骤	31 500	6 240	8 650	5 900	52 290
	二步骤		5 800	7 280	5 800	18 800
	三步骤		2 350	3 235	2 400	7 985

[要求] 根据上述资料,采用平行结转分步法核算产品成本(分配率保留整数,四舍五入)。

项目八 Project 8

产品成本核算的分类法

任务一 分类法的工作原理

一、职业选择能力训练

（一）单选题

1. 分类法又称作（　　）。
  A. 品种法　　　　　　　　B. 分批法
  C. 系数法　　　　　　　　D. 定额法
2. 分类法适用于（　　）。
  A. 产品消耗定额稳定且管理基础较好的企业
  B. 产品品种规格繁多，每类产品所用原材料、生产工艺过程基本相同
  C. 简单生产
  D. 管理上要求按批次生产的企业
3. 在实际生产中，适宜再用分类法计算产品成本的是（　　）。
  A. 企业生产的产品可按一定的标准分类
  B. 企业产品的品种、规格繁多
  C. 产品品种、规格繁多，但可以按照一定标准分类
  D. 大量大批单步骤生产的企业生产的多种产品
4. 属于产品成本计算辅助方法的是（　　）。
  A. 分批法　　　　　　　　B. 分步法
  C. 分类法　　　　　　　　D. 品种法

(二) 多选题

1. 采用分类法，可将（　　）等方面相同或相似的产品归为一类。
   A. 产品结构和耗用原材料　　C. 产品的性质和用途
   B. 产品生产工艺技术过程　　D. 产品的售价
   E. 产品的毛利

2. 分类法主要适用于产品品种较多的企业或车间，可以采用分类法计算产品成本的下列企业是（　　）。
   A. 电子元件厂　　B. 针织厂
   C. 造船厂　　　　D. 机床厂
   E. 砖瓦厂

3. 分类法的优点有（　　）。
   A. 简化成本的计算工作　　B. 成本核算精确
   C. 分类掌握成本的水平　　D. 产品品种明确

4. 分类法的核算程序有（　　）。
   A. 根据产品的性质、结构、所用原材料、工艺流程等特点将产品划分为不同的类别
   B. 将每种产品的费用总额在该类完工产品和在产品之间进行分配
   C. 选择合理的分配方法，计算出每类产品类内各种产品的成本
   D. 按照产品的种类和步骤开设明细账

二、职业判断能力训练

1. 分类法是成本计算的基本方法，它与企业生产类型没有直接关系。（　　）
2. 联产品成本的计算，可以采用分类法。（　　）
3. 分类法是产品核算的一种辅助方法。（　　）
4. 分类法可以单独使用核算产品成本。（　　）
5. 分类法又被称为系数法。（　　）

任务二 应用分类法核算产品成本

一、职业选择能力训练

(一)单选题

1. 下列企业中适合采用分类法计算产品成本的是(   )。
   A. 机械制造厂   B. 发电厂
   C. 造纸厂   D. 衬衫厂
2. 分类法的成本计算对象是(   )。
   A. 产品的品种   B. 产品的步骤
   C. 产品的类别   D. 产品的批次
3. 下列选项中不能作为分类法分配标准的是(   )。
   A. 产品的重量   B. 产品的体积
   C. 产品的长度   D. 产品的品种

(二)多选题

1. 分类法的成本计算过程是(   )。
   A. 在同类产品中选择一种产量大、生产稳定或规格折中的产品作为标准产品
   B. 把标准产品的分配标准系数确定为1
   C. 以其他产品的单位分配标准数据与标准产品相比,求出其他产品的系数
   D. 用各种产品的实际产量乘上系数,计算出总系数
   E. 按各种产品总系数比例分配计算类内各种产品成本
2. 确定类内不同规格、型号产品系数的依据有(   )。
   A. 产品的定额消耗量   B. 产品的定额费用
   C. 产品的售价   D. 产品的生产工时
   E. 产品的种类
3. 分类法的特点有(   )。
   A. 分类法需要和品种法、分批法以及分步法结合使用
   B. 以产品的类别作为成本计算对象
   C. 分类法的成本计算期应视产品生产类型及管理要求而定
   D. 产品的批次为成本计算对象

二、职业判断能力训练

1. 分类法是成本核算的一种辅助方法。（ ）
2. 针织厂采用系数法核算成本,选定的标准产品的依据是占企业产品成本比重最大的产品。（ ）
3. 分类法适用于产品品种较多,且可以按照一定要求和标准将产品划分为不同类别的企业。（ ）
4. 制鞋厂适用分类法。（ ）
5. 分类法是以产品的类别作为成本核算对象。（ ）

三、职业应用能力训练

[资料] 某制造企业用同一种原材料,在同一生产过程中同时生产出A、B、C三种联产品。本月共发生直接材料130 500元,直接人工78 300元,制造费用52 200元。进行联合成本分配时,以产品售价为标准确定系数,选择C产品为标准产品。联产品的有关资料如表8-1所示。

表8-1　　　　　　　　　联产品产量、售价和系数表

产品名称	实际产量（千克）	单位售价（元）	系数
A产品	7 200	12	0.5
B产品	10 800	18	0.75
C产品	14 400	24	1

[要求]（1）根据以上资料采用实物量分配法编制联产品成本计算单。
（2）根据以上资料采用系数分配法编制联产品成本计算单,并编制会计分录。

任务三 核算联产品和副产品的成本

一、职业选择能力训练

(一) 单选题

1. 下列选项中属于联产品的联合成本方法有（　　）。
   A. 系数分配法　　　　　　　　B. 直接分配法
   C. 交互分配法　　　　　　　　D. 计划成本法
2. 副产品成本从联合成本中扣除的方法可以是（　　）。
   A. 从"直接材料"成本项目中扣除
   B. 从"直接人工"成本项目中扣除
   C. 从"制造费用"成本项目中扣除
   D. 由企业自行决定
3. 副产品的成本计算开设成本计算单的方法是（　　）。
   A. 副产品开设成本计算单
   B. 主产品开设成本计算单
   C. 将主产品和副产品归为一类开设成本计算单
   D. 按产品的批次开设成本计算单

(二) 多选题

1. 联产品分离前的联合成本的计算，可采用分类法的原理进行。联合成本在各种联产品之间分配的常用方法是（　　）。
   A. 实物量分配法　　　　　　　B. 约当产量分配法
   C. 系数分配法　　　　　　　　D. 计划产量分配法
2. 副产品是指企业在生产主要产品的过程中附带生产出来的一些非主要产品，企业副产品的实际计价方法通常是（　　）。
   A. 副产品按主产品计价
   B. 按销售价格扣除销售税金、销售费用后的余额计算
   C. 副产品按加工成本计价
   D. 按计划成本计价
   E. 按实际成本计价

二、职业判断能力训练

1. 交互分配法是联产品成本分配的方法之一。　　　　　　　　　　（　　）
2. 系数分配法是联产品分配的方法。　　　　　　　　　　　　　　（　　）

项目九 Project 9

产品成本核算的定额法

任务一 定额法的工作原理

一、职业选择能力训练

（一）单选题

1. 定额法适用于（　　）。
   A. 小批单件单步骤生产的企业
   B. 大量大批多步骤生产的企业
   C. 可以按一定标准将所产产品进行分类的企业
   D. 定额管理基础较好，各项消耗定额较准确且稳定的企业
2. 采用定额法计算产品成本，产品实际成本的组成项目没有（　　）项。
   A. 定额成本   B. 脱离定额差异
   C. 材料成本差异   D. 直接人工差异
3. 定额法的主要缺点是（　　）。
   A. 能够较合理解决完工产品和在产品的分配问题
   B. 较其他方法核算量较小
   C. 较其他方法核算量较大
   D. 不便于成本分析工作
4. 在生产过程中，企业实际发生的成本与定额成本的差异是（　　）。
   A. 定额变动差异   B. 材料成本差异
   C. 费用率差异   D. 脱离定额差异
5. 下列选项中不是基本成本计算方法的是（　　）。
   A. 定额法   B. 品种法

C. 分批法　　　　　　　　　D. 分步法

（二）多选题

1. 采用定额法计算产品成本的企业应当具备（　　）。
   A. 定额管理制度比较健全　　B. 定额管理基础工作比较好
   C. 产品生产已经定型　　　　D. 各项消耗定额比较准确、稳定
   E. 期末在产品数量稳定
2. 采用定额法计算产品成本，产品实际成本的组成项目有（　　）。
   A. 定额成本　　　　　　　　B. 脱离定额差异
   C. 材料成本差异　　　　　　D. 定额变动差异
   E. 人工成本差异

二、职业判断能力训练

1. 定额法是为了加强成本管理，进行成本控制而采用的一种成本计算与成本管理相结合的方法。（　　）
2. 定额法能够单独应用，不必与产品成本计算的基本方法结合起来应用。（　　）
3. 定额法是产品成本的辅助计算方法。（　　）
4. 月初在产品定额成本调整的数额，与计入产品成本的定额变动差异之和应为零。（　　）
5. 定额变动差异反映了费用本身的节约或超支，是经常存在的。（　　）

任务二　应用定额法核算产品成本

一、职业选择能力训练

（一）单选题

1. 计算月初在产品的定额变动差异，其目的是（　　）。
   A. 正确计算本月产成品的定额成本　　B. 正确计算本月半成品的实际成本
   C. 调整本月发生的定额成本　　　　　D. 调整月初在产品的定额成本
2. 在完工产品成本中，如果月初在产品定额变动差异是正数则说明（　　）。
   A. 定额提高了
   B. 定额降低了
   C. 本月定额管理和成本管理不顺利

D. 本月定额管理和成本管理取得了成绩

3. 下列选项中，不属于定额法主要优点的有（　　）。

A. 有效地促进生产耗费，降低产品成本

B. 分步骤核算产品成本

C. 有利于进一步挖掘降低成本的潜力

D. 有利于提高成本的定额管理和计划管理工作水平

4. 下列方法中是辅助成本核算方法的有（　　）。

A. 品种法　　　　　　　　　　B. 分步法
C. 分批法　　　　　　　　　　D. 定额法

（二）多选题

1. 在定额法下，产品的实际成本是（　　）的代数和。

A. 按现行定额计算的产品定额成本　　B. 脱离现行定额的差异
C. 材料成本差异　　　　　　　　　　D. 月初在产品定额变动差异
E. 月末在产品定额成本变动差异

2. 定额成本的制定程序包括（　　）。

A. 零件定额卡　　　　　　　　B. 部件定额卡
C. 产品定额成本　　　　　　　D. 消耗定额

3. 定额法的成本核算对象是（　　）。

A. 产品品种　　　　　　　　　B. 产品类别
C. 产品批次　　　　　　　　　D. 产品步骤

4. 定额法的适用范围是（　　）。

A. 产品品种比较稳定　　　　　B. 各项定额比较齐全准确
C. 原始记录比较准确　　　　　D. 定额管理基础好的企业

5. 定额成本的计算，首先必须制定的定额有（　　）。

A. 原材料消耗定额　　　　　　B. 动力的消耗定额
C. 人工工时定额　　　　　　　D. 原材料计划单件定额

二、职业判断能力训练

1. 定额法的适用范围与企业生产类型没有直接关系。（　　）

2. 机床厂采用定额法核算成本的原因是企业用品种法核算成本且定额管理工作的基础较好。（　　）

3. 为了更好地加强成本控制，发挥成本核算对于节约生产费用、降低产品成本的作用，可以采用定额法。（　　）

4. 定额成本包括零部件定额成本和产品定额成本，通常是由计划、财会等部门共同制定的。（　　）

5. 定额成本包括的成本项目和计算方法，应与计划成本、实际成本包括的成本项目和计算方法一致，以便于成本考核和分析工作的进行。（　　）

三、职业应用能力训练

【训练一】

[资料] 某企业生产乙产品耗用 C 材料。乙产品月初在产品为 50 件,本月完工产品 1 000 件,月末在产品为 150 件。生产乙产品用原材料系在生产开始时一次投入,乙产品 C 材料消耗定额为每件 2 千克,C 材料计划单价为每千克 10 元。限额领料单载明本月实际领料数量为 2 100 千克。车间期初余料为 50 千克,期末余料为 20 千克。

[要求] 根据以上资料计算该企业生产乙产品直接材料脱离定额差异(数量)及(金额)。

【训练二】

[资料] 丰华公司一车间(该车间生产甲产品和其他产品)8 月计划产量的定额直接人工费用为 14 800 元,计划产量的定额生产工时为 2 960 小时;本月实际直接人工费用为 16 120 元,实际生产工时为 3 100 小时;本月甲产品定额工时为 1 836 小时,实际生产工时为 1 807 小时。

[要求] 根据以上资料计算该企业生产甲产品直接人工费用脱离定额的差异。

项目十 Project 10

产品成本核算的作业成本法

任务一 作业成本法的工作原理

一、职业选择能力训练

(一) 单选题

1. 下列关于作业成本法的说法，不正确的是（   ）。
   A. 产品的成本实际上就是企业全部作业所消耗资源的总和
   B. 成本动因分为资源动因和作业动因
   C. 作业成本法下，所有成本都需要先分配到有关作业，然后再将作业成本分配到有关产品
   D. 作业成本法的基本指导思想是"作业消耗资源、产品消耗作业"
2. 作业成本法的主要特点不包括（   ）。
   A. 作业计算分为两个阶段
   B. 成本分配强调因果关系
   C. 成本分配使用众多不同层面的成本动因
   D. 成本分配使用相同的成本动因
3. 能使某种产品的每一单位都受益的作业是（   ）。
   A. 单位作业　　　　　　　　　B. 批别作业
   C. 产品作业　　　　　　　　　D. 管理作业
4. 与生产数量无关，能使一批产品受益的作业是（   ）。
   A. 单位作业　　　　　　　　　B. 批别作业
   C. 产品作业　　　　　　　　　D. 管理作业
5. （   ）是作业成本的核心内容。

A. 作业 B. 产品
C. 资源 D. 成本动因

（二）多选题

1. 成本动因可以是（　　）。
   A. 财务指标 B. 非财务指标
   C. 内部指标 D. 外部指标
2. 适用作业成本法的企业特征有（　　）。
   A. 制造费用在产品成本结构中比重较小
   B. 产品工艺过程复杂，作业环节多且容易辨认
   C. 企业规模大，产品种类多
   D. 生产准备成本较高，各次投产数量相差较大
3. 作业成本法的局限性主要有（　　）。
   A. 所提供的信息仍以传统会计为基础
   B. 确定作业和成本动因时具有人为性
   C. 实施成本高
   D. 制造费用分配标准多元性
4. 按照计量作业发生数量的方法不同，可以将作业分为（　　）。
   A. 单位作业 B. 批别作业
   C. 产品作业 D. 维持性作业
5. 下列选项中属于作业的基本特征的有（　　）。
   A. 是一种资源的投入和另一种结果产出的过程
   B. 作业贯穿于经营过程的全部
   C. 作业是可以量化的
   D. 所有作业都是增值的

二、职业判断能力训练

1. 产品的成本实际上就是企业全部作业所消耗资源的总和。（　　）
2. 成本动因分为资源动因和作业动因。（　　）
3. 作业成本法下，所有成本都需要先分配到有关作业，然后再将作业成本分配到有关产品。（　　）
4. 作业成本法的基本指导思想是"作业消耗资源、产品消耗作业"。（　　）
5. 作业成本法的主要特点包括成本分配使用相同的成本动因。（　　）

任务二 应用作业成本法核算产品成本

一、职业选择能力训练

(一) 单选题

1. 作业成本法最重要的优点在于（　　）。
   A. 促进企业组织方式变革　　B. 作业的计量和分配较为客观
   C. 促使管理人员加强成本控制　　D. 简化了成本计算程序
2. 在作业成本库建立之后，分配资源的价值耗费的基础是反映资源消耗量与作业量之间关系的（　　）。
   A. 作业　　B. 产品
   C. 资源动因　　D. 成本动因
3. 作业成本法的成本计算是以（　　）为中心。
   A. 产品　　B. 作业
   C. 费用　　D. 资源
4. 作业成本法计算制造费用分配率应考虑（　　）。
   A. 生产工时　　B. 作业目的
   C. 总量标准　　D. 成本动因
5. 传统成本计算法的计算对象为（　　）。
   A. 作业中心　　B. 费用
   C. 资源　　D. 最终产品

(二) 多选题

1. 选择适当的成本动因通常应考虑的因素有（　　）。
   A. 成本动因资料是否易于取得　　B. 与作业实际消耗的相关度
   C. 成本动因引发的人为行为　　D. 执行者的判断经验
2. 作业成本法与传统成本法的差异有（　　）。
   A. 成本动因的数量不同　　B. 核算程序不同
   C. 间接费用分配的程序不同　　D. 适用情况不同
3. 作业成本法主要适用于下列企业中的（　　）。
   A. 批量生产企业　　B. 劳动密集型企业
   C. 直接成本所占比重小　　D. 间接成本与工时、产量无关
4. 传统成本法主要适用于下列企业中的（　　）。

A. 批量生产企业　　　　　　　　B. 技术密集型企业
C. 间接成本比重大的企业　　　　D. 间接成本与工时、产量无关的企业

5. 作业成本法的优点有（　　）。
A. 作业成本法提供了相对准确的成本信息
B. 作业成本法拓宽了成本核算的范围
C. 作业成本法提供了便于不断改进的业绩评价体系
D. 作业成本信息可以有效地改进企业战略决策

二、职业判断能力训练

1. 作业成本法的主要特点以制造费用发生的成本动因分别设立作业中心，按作业中心建立制造费用成本库。（　　）
2. 成本动因就是决定成本发生的那些重要的活动或事项。（　　）
3. 作业是作业成本法的基础。（　　）
4. 并不是所有的企业都能适合采用作业成本法。（　　）
5. 作业成本法能恰如其分地反映制造费用与产量之间的变动关系。（　　）

三、职业应用能力训练

[资料] 某企业生产甲、乙两种产品，其中甲产品900件，乙产品300件，其作业情况数据如表10-1所示：

表10-1　　　　　　　　　　某企业作业情况　　　　　　　　　金额单位：元

作业中心	资源耗用	动因	动因量（甲产品）	动因量（乙产品）	合计
材料处理	18 000	移动次数	400	200	600
材料采购	25 000	订单件数	350	150	500
使用机器	35 000	机器小时	1 200	800	2 000
设备维修	22 000	维修小时	700	400	1 100
质量控制	20 000	质检次数	250	150	400
产品运输	16 000	运输次数	50	30	80
合计	136 000				

[要求] 按作业成本法计算甲、乙两种产品的成本，并填制表10-2。

表 10-2　　　　　　　　　　　　　　　　　　　　　　　　　　　　　　　　　金额单位：元

作业中心	成本库	动因量	动因率	甲产品	乙产品
材料处理	18 000	600			
材料采购	25 000	500			
使用机器	35 000	2 000			
设备维修	22 000	1 100			
质量控制	20 000	400			
产品运输	16 000	80			
合计总成本	136 000				
单位成本					

项目十一 *Project 11*

产品成本核算的标准成本法

任务一 标准成本法的工作原理

一、职业选择能力训练

（一）单选题

1. 在最佳的经营条件下可能达到的最低成本标准是（　　）。
   A. 理想标准成本　　　　　　　　B. 正常标准成本
   C. 现实标准成本　　　　　　　　D. 基本标准成本
2. 被广泛采用的标准成本一般是（　　）。
   A. 基本标准成本　　　　　　　　B. 现行标准成本
   C. 正常标准成本　　　　　　　　D. 理想标准成本
3. 按照制定标准成本所依据的生产技术和经营管理水平，可将标准成本分为（　　）。
   A. 预期标准成本　　　　　　　　B. 历史标准成本
   C. 基本标准成本　　　　　　　　D. 正常标准成本
4. 标准成本法又被称作（　　）。
   A. 定额标准法　　　　　　　　　B. 标准成本制度
   C. 作业成本法　　　　　　　　　D. 标准分类法
5. 以下哪一项不属于标准成本法的作用（　　）。
   A. 有效地进行成本控制　　　　　B. 可以精确产品的实际成本
   C. 有利于分清部门责任　　　　　D. 简化成本核算工作

（二）多选题

1. 标准成本制度的特点是（　　）。

A. 事先制定产品各项目标准成本　　B. 事中对比成本的实际消耗与标准消耗
C. 事前完善各项成本管理工作　　　D. 事后揭示各项成本差异
E. 事后计算产品实际成本

2. 标准成本的主要类型有（　　）。

A. 理想标准成本　　　　　　　　　B. 正常标准成本
C. 基本标准成本　　　　　　　　　D. 差异标准成本

3. 标准成本法的作用有（　　）。

A. 有效地进行成本控制　　　　　　B. 有利于分清部门责任
C. 能为企业经营决策提供依据　　　D. 简化成本核算工作

4. 标准成本的两个含义是（　　）。

A. 项目的标准成本　　　　　　　　B. 产品种类的标准
C. 单位产品的标准成本　　　　　　D. 实际产量的标准成本

二、职业判断能力训练

1. 标准成本系统中被广泛应用的是理想标准成本。　　　　　　　　　　（　）
2. 基本标准成本一经确定，在基本条件没有大的变化的情况下，不经常改变。（　）
3. 基本标准成本很难达到。　　　　　　　　　　　　　　　　　　　　（　）
4. 标准成本可以加强成本控制的事中控制。　　　　　　　　　　　　　（　）
5. 标准成本制度适用于管理水平较高的小批量生产企业。（　）

任务二　应用标准成本法核算产品成本

一、职业选择能力训练

（一）单选题

1. 制造费用的标准成本，应以各责任部门为单位，按固定费用和变动费用编制费用预算，为了计算固定费用和变动费用标准分配率，应以确定的预算费用除以（　　）。

A. 预算生产量　　　　　　　　　　B. 实际生产量
C. 预算工时　　　　　　　　　　　D. 实际工时

2. 在制造费用不区分为变动制造费用和固定制造费用的情况下，制造费用差异是（　　）。

A. 标准制造费用与实际制造费用之间的差额
B. 实际产量标准制造费用与实际制造费用之间的差额

C. 计划产量标准制造费用与实际制造费用之间的差额
D. 预算产量标准制造费用与实际制造费用之间的差额

3. 在将制造费用分为变动制造费用和固定制造费用的情况下，变动制造费用差异的影响因素可分为效率差异和耗费差异，其中效率差异的计算公式是（   ）。

A. （预算工时 – 标准工时）×制造费用预算分配率
B. （预算工时 – 标准工时）×变动制造费用预算分配率
C. （实际工时 – 标准工时）×制造费用预算分配率
D. （实际工时 – 标准工时）×变动制造费用预算分配率

4. 某公司某年度标准工资率是 6 元/小时，实际工资率为 5.8 元/小时，标准工时为 20 000 小时，实际工时为 21 000 小时，直接人工工资率差异为 4 200 元（有利差异），则该公司的直接人工实际总成本是（   ）元。

A. 11 600
B. 11 760
C. 120 000
D. 121 800

5. 我国企业按标准成本制度进行核算时，应设置的差异账户是（   ）。

A. 生产成本差异
B. 材料价格差异
C. 直接工资差异
D. 制造费用差异

（二）多选题

1. 计算变动制造费用的效率差异需要的数据有（   ）。

A. 实际工时
B. 标准工时
C. 标准小时费用率
D. 实际小时费用率

2. 直接人工标准成本中效率差异的生产单位产品需用的工作时间包括（   ）。

A. 产品直接加工所用时间
B. 必要的间歇时间
C. 停工时间
D. 废品所耗用的工作时间
E. 设备日常维护时间

3. 在直接人工三因素分析法下，影响直接人工标准成本差异的因素是（   ）。

A. 人工生产效率差异
B. 人工效率差异
C. 人工结构差异
D. 人工工资率差异
E. 人工工作效率差异

4. 标准成本的多种制定方法具体包括（   ）。

A. 定额比例法
B. 计划成本法
C. 期望法
D. 历史成本推测法
E. 工程技术推测

5. 标准成本制度的优点有（   ）。

A. 有利于成本控制
B. 有利于成本核算
C. 有利于简化会计工作
D. 有利于正确评价业绩
E. 有利于价格决策

二、职业判断能力训练

1. 标准成本制度并非一种单纯的成本计算方法,它是把成本计划、控制、计算和分析相结合的一种会计信息系统和成本控制系统。（   ）
2. 制造费用标准成本的制定,应以各责任部门为单位,但不需要区分固定费用和变动费用来编制费用预算。（   ）
3. 直接材料三因素分析法,在将影响材料成本差异的因素分为数量和价格差异的基础上,将数量差异进一步区分为产出差异和耗费差异。（   ）
4. 实行标准成本制度与定额成本制度,对于成本差异的处理方式是一样的。（   ）
5. 在标准成本制度下,材料数量差异和材料价格差异都属于材料成本差异,可列入"材料成本差异"科目进行核算。（   ）

三、职业应用能力训练

【训练一】

[资料] 郑州乐都齿轮公司8月份生产甲产品19 200件,实际消耗材料39 000千克,实际单价为5.05元/千克,每件产品标准耗用量为2千克,标准单价为5元/千克,本月支付实际工资341 600元,实际工时为56 000小时,每件产品标准工时为3小时/件,每件标准工资率为6元/小时。

[要求]（1）计算直接材料的用量差异和价格差异;
（2）计算直接人工的效率差异和工资率差异。

【训练二】

[资料] 郑州乐都齿轮公司 6 月份生产乙产品 8 000 件，实际工时是 17 000 小时，实际制造费用是 470 000 元，其中变动制造费用是 165 000 元，固定制造费用为 305 000 元。每件乙产品的标准工时为 2 小时，郑州乐都齿轮公司的预算产量是 10 000 件，制造费用预算是 500 000 元，其中变动制造费用为 200 000 元，固定制造费用为 300 000 元。

[要求]（1）计算变动制造费用的效率差异和耗费差异。
（2）计算固定制造费用的能量差异和耗费差异。
（3）计算固定制造费用的效率差异、能力差异和耗费差异。

【训练三】

[资料] 郑州乐都齿轮公司生产丙产品 400 件，发生固定制造费用 1 424 元，实际工时为 890 小时；企业的生产能力是 500 件，需耗用工时为 1 000 小时（500 件×2 小时）；每件产品固定制造费用标准成本为 3 元/件，即每件产品的标准工时为 2 小时，标准费用分配率是 1.5 元/小时。

[要求]（1）计算固定制造费用的能量差异和耗费差异。
（2）计算固定制造费用的效率差异、能力差异和耗费差异。

项目十二 Project 12

成本报表与成本分析

任务一 编制成本报表

一、职业选择能力训练

（一）单选题

1. 成本报表属于（ ）。
   A. 对外报表
   B. 对内报表
   C. 既是对内报表，又是对外报表
   D. 对内还是对外由企业决定
2. 下列报表中不属于成本报表的是（ ）。
   A. 商品产品成本表
   B. 制造费用明细表
   C. 期间费用明细表
   D. 资产负债表
3. 编制成本报表是（ ）。
   A. 国家统一会计制度的要求
   B. 满足企业内部经营管理的需要
   C. 收费中介机构的要求
   D. 潜在投资者和债权人的要求
4. 填制商品产品成本表必须做到（ ）。
   A. 可比、不可比产品须分别填列
   B. 可比、不可比产品可合并填列
   C. 既可以分别，也可以合并填列
   D. 填制时无须划分可比、不可比产品
5. 可比产品成本本年与上年相比，如果不是降低而是超支，其超支额和超支率应用（ ）填列。
   A. 负数
   B. 正数
   C. 红字
   D. 蓝字

（二）多选题

1. 成本报表按反映的内容分类分为（　　）。
   A. 产品成本报表　　　　　　　　B. 全厂成本报表
   C. 定期成本报表　　　　　　　　D. 责任成本报表
2. 主要产品单位成本表反映的单位成本包括（　　）。
   A. 本月实际　　　　　　　　　　B. 同行业同类产品实际
   C. 本年计划　　　　　　　　　　D. 上年实际平均
3. 商品产品成本表按产品品种反映分为（　　）部分。
   A. 可比产品　　　　　　　　　　B. 不可比产品
   C. 耗用量　　　　　　　　　　　D. 补充资料
4. 按报表编制的范围不同，成本报表可分为（　　）。
   A. 全厂成本报表　　　　　　　　B. 车间成本报表
   C. 班组成本报表　　　　　　　　D. 个人成本报表
5. 成本报表具有（　　）作用。
   A. 评价和考核各成本环节的成本管理业绩
   B. 反映资产、负债情况
   C. 成本分析
   D. 反映收入、费用和利润的情况

二、职业判断能力训练

1. 成本报表只包括反映企业成本情况的报表，不包括各项费用报表。（　　）
2. 制造费用明细表所列的制造费用，是工业企业所有车间的制造费用。（　　）
3. 可比产品是指以前年度或上年度未正常生产过的产品。（　　）
4. 成本报表，是会计报表的一种。（　　）
5. 主要产品单位成本表的单位成本只列示上年实际平均、本年计划、本月实际和本年累计实际平均的单位成本。（　　）

三、职业应用能力训练

[资料] 某企业生产甲产品，其耗用的直接材料有关资料如表 12-1 所示。

表 12-1　　　　　　　　　　直接材料成本资料

项目	产品产量（件）	材料单耗（千克）	材料单价（元/千克）	材料成本（元）
计划成本	200	50	30	
实际成本	210	48	32	

[要求]（1）分别计算直接材料计划成本和实际成本，并比较二者的差异。
（2）采用因素分析法（或差额计算法）分析各因素变动对总差异的影响程度。

任务二　进行成本分析

一、职业选择能力训练

（一）单选题

1. 以下选项除了哪一项都是成本分析常用的一般方法（　　）。
   A. 对比分析法　　　　　　　　　　B. 比率分析法
   C. 因素分析法　　　　　　　　　　D. 横向对比法
2. 在其他因素不变的情况下，会使单位产品成本降低的情形是（　　）。
   A. 劳动生产率提高速度慢于平均工资增长速度
   B. 劳动生产率提高速度快于平均工资增长速度
   C. 劳动生产率提高速度等于平均工资增长速度
   D. 劳动生产率提高速度不等于平均工资增长速度
3. 单位产品成本随产量提高而降低的原因是（　　）。
   A. 单位产品耗费的变动费用随产量提高而降低
   B. 变动费用总额随产量提高而降低
   C. 单位产品负担的固定费用随产量提高而降低
   D. 固定费用总额随产量提高而降低
4. 采用连环替代法，可以揭示（　　）。
   A. 产生差异的因素
   B. 实际数与计划数之间的差异
   C. 产生差异的因素和各因素的影响程度
   D. 产生差异的因素和各因素的变动原因
5. 某产品单位材料计划耗用量10千克，实际耗用量9.5千克，每千克计划价格50元，实际价格55元，则该产品单位成本的差异量影响额是（　　）。

A. 25 元 B. -25 元
C. 27.5 元 D. -27.5 元

（二）多选题

1. 在分析可比产品成本降低任务完成情况时，单纯产量变动可能会使（   ）。
 A. 成本降低额增加 B. 成本降低额减少
 C. 成本降低率增加 D. 成本降低率减少
2. 在生产多种品种的情况下，影响可比产品成本降低额变动的因素有（   ）。
 A. 产品产量 B. 产品单位成本
 C. 产品价格 D. 产品品种结构
3. 成本报表分析常用的方法有（   ）。
 A. 比较分析法 B. 比率分析法
 C. 因素分析法 D. 定额分析法
4. 全部产品成本计划完成情况分析的任务是（   ）。
 A. 查明主要产品单位成本各项目的计划完成情况
 B. 查明全部产品中各成本项目的计划完成情况
 C. 查明单位成本升降的原因
 D. 查明全部产品和各类产品成本计划的完成情况
5. 连环替代分析法的特点是（   ）。
 A. 计算方法的简化性 B. 计算程序的连环性
 C. 因素替换的顺序性 D. 计算结果的假定性

二、职业判断能力训练

1. 产品产量的增加，会使产品成本中的固定成本相对节约，从而使产品单位成本下降。（   ）
2. 产品产量的变动，只会使成本降低额同比例、同方向增减，而不会影响成本降低率。（   ）
3. 对本期产品成本报表的分析是一种事后分析。（   ）
4. 采用连环替代法，在测定某一因素变动影响时，是以假定其他因素不变为条件的，意在其他因素均为计划数时，确定这一因素变动的影响程度。（   ）
5. 采用连环替代法进行产品成本分析时，替代顺序确定一般原则是：先数量因素后质量因素。（   ）

三、职业应用能力训练

[资料] 某公司生产的乙产品的有关资料如表 12-2 所示。

表 12-2　　　　　　　　　　　　　乙产品单位成本资料表　　　　　　　　　　　　金额单位：元

项目		计划		实际	
直接材料		700		560	
直接人工		60		40	
制造费用		200		200	
合计		960		800	
明细项目	单位	计划		实际	
原材料		单耗	金额	单耗	金额
A 材料	千克	50	500	45	360
B 材料	千克	10	200	10	200
工时	小时	100		80	

[要求]（1）确定单耗和单价变动对直接材料项目的影响；
（2）确定效率和工资分配率变动对直接人工项目的影响；
（3）确定效率和费用分配率变动对制造费用项目的影响。